Comentarios sobre este libro:

"*Inmigrantes y refugiados* promueve una visión realista de la vida en los Estados Unidos. Mikatavage obra como traductora de códigos culturales, explicando las peculiaridades de la cultura estadounidense al extranjero."
   --**Lydia Gil, EFE News Services, Spain's International News Agency**

"En este libro maravilloso, Raimonda Mikatavage les brinda a los nuevos estadounidenses las herramientas para la asimilación, sin disminuir el valor del patrimonio étnico de cada individuo".
   --**Frank J. Bien, fundador y antiguo Director de la Maryland Office for New Americans**

"Raimonda Mikatavage reconoce las admirables cualidades que caracterizan el espíritu del inmigrante. Este libro ofrece sugerencias en el camino hacia la adaptación, y estimula la confianza en uno mismo".
   --**Patricia A. Hatch, fundador de Foreign-born Information and Referral Network, Inc. (FIRN)**

"Uno de los libros más completos e informativos para los recién llegados... proporciona información y orientación práctica para los que desean obtener la ciudadanía estadounidense".
   --**Senador Martin G. Madden, Jefe de la Minoría Parlamentaria, Maryland Senate Republican Caucus**

"Lectura sumamente recomendable para inmigrantes y para entusiastas de la diversidad social".
   --*Independent Publisher Magazine*

"El libro que hay que leer si uno quiere lograr el éxito MÁS RÁPIDO en Estados Unidos".
   --**Wolf J. Rinke, PhD, autor de 12 libros, incluyendo** *Make It a Winning Life: Success Strategies for Life, Love and Business*

"Es una obra muy educativa que servirá a miles de miles. Todo un proyecto completo".
   --**Elizabeth Ortega-Lohmeyer,** *El Montgomery*

"La visión realística y humana que este libro entrega es la guía más completa y necesaria para iniciar y comprender la vida en los Estados Unidos. ¡Cómo me hubiera beneficiado si hubiera dado mis primeros pasos en este país con este libro bajo el brazo!"
   --**Charito Calvachi Wakefield, autora del libro y CD**
   Navidad Latinoamericana / Latin American Christmas

"Bien organizado, franco, directo, como sólo puede serlo un inmigrante con otro. Este libro revela un trabajo arduo, una investigación esmerada; lo recomendaría como recurso para todos los docentes de recién llegados. Me encantó cada página".
   --**Elizabeth Claire, Editora de** *Easy English NEWS*

"El texto aborda una serie de tópicos importantes para inmigrantes y refugiados en proceso de adaptación a la vida en Estados Unidos... ofrece profundas observaciones y explicaciones de muchas diferencias culturales... examina tópicos de interés práctico y financiero".
   --**James Estes, National Clearinghouse for Bilingual Education**

"Ofrece a los inmigrantes consejos e información para triunfar en Estados Unidos... Revelador en tópicos como la forma de conseguir ayuda bilingüe por teléfono o comprar medicamentos a precios accesibles... La amplia gama de tópicos y referencias puede ser el punto de partida para proyectos de grupo o actividades individuales".
   --*TESOL Journal*

"Estoy seguro de que este tipo de consejos es crucial para la vida cotidiana de la mayoría de los inmigrantes".
   --**Noah M.J. Pickus, PhD, Sanford Institute of Public Policy, Duke University**

"Ojalá hubiera tenido este libro cuando llegué. Contiene consejos excelentes. ¡Una verdadera inversión para su futuro como estadounidense exitoso!"
   --**Arthur Lukowski, fundador de Oil Express, Entrepreneur Hall of Fame, autor de** *Don´t Let the Accent Fool You*

"Ya sea que hayan estado en los Estados Unidos 10 días o 10 años, inmigrantes y refugiados descubrirán que este libro es útil, informativo y una lectura valiosa. ¡Altamente recomendable!"
   --*Midwest Book Review*

INMIGRANTES Y REFUGIADOS

Cómo crear su nueva vida en los Estados Unidos

Raimonda Mikatavage

Pioneer Living Series®

Hampstead, Maryland

Also by Raimonda Mikatavage
Immigrants & Refugees: Create Your New Life in America (in English, Spanish, Russian, Bosnian and Lithuanian)
Satisfaction in the Land of Opportunity
Your Journey to Success: A Guide for Young Lithuanians (in English and Lithuanian)

Copyright © 1999 by Raimonda Mikatavage.
Printed in the United States of America.
Pioneer Living Series® is a registered trademark of Melodija Books.

All rights reserved. No part of this book may be reproduced or transmitted in any form or by any means, electronic or mechanical, without written permission from the publisher, except for the inclusion of brief quotations in a review. This book is sold with the understanding that the publisher and author are not engaged in rendering legal or other professional services.

International customers: the toll-free (800 or 888) telephone numbers in this book can only be dialed from within the continental United States.

For international rights and foreign translations, please contact the publisher.
Melodija Books, P.O. Box 689, Hampstead, MD 21074 USA
Tel: (410) 374-3117 Fax: (410) 374-3569.
Internet: http://www.melodija.com *E-mail:* books@melodija.com

Translation: Nora L. López, Caracas, Venezuela. *E-mail:* nlopezl@telcel.net.ve
Proofing: Patricia Rojas, Hispanic Liaison, Maryland Department of Human Resources
Cover design: Paul Erickson, Greenville, SC *Internet: www.ericksonline.com*

Publisher's Cataloging-in-Publication
(Provided by Quality Books, Inc.)

Mikatavage, Raimonda, 1962-
  [Immigrants & refugees. Spanish.]
  Inmigrantes y refugiados: cómo crear su
nueva vida en los Estados Unidos / Raimonda
Mikatavage. -- 1st ed.
  p. cm. -- (Pioneer living series)
  Includes bibliographical references and index.
  Library of Congress Catalog Card Number: 99-70110
  ISBN: 0-9647213-3-3

  1. Refugees--United States--Life skills
guides. 2. Immigrants--United States--Life skills
guides. 3. Acculturation--United States.
4. Americanization. I. Title. II. Series.

HV640.4.U54M54 1999   646.7'008691
                QBI99-91

ÍNDICE

Prólogo ix
Agradecimientos ix

INTRODUCCIÓN 1
Por qué usted debe leer este libro 1
Notas 3
Estados Unidos: una segunda mirada 4
Estados Unidos: la tercera fase 5

RELACIONES 8
¡Esos estadounidenses sí que son raros! 8
Integrándose 11
Tome la iniciativa y vaya poco a poco 14
Fundamentos de una relación 16
Cuatro estilos sociales 17
Cómo se comunican los hombres y las mujeres 19
Es difícil ocultar nuestros sentimientos 21
Cómo hacer que reciban su mensaje 22
El amigo de un amigo 23
Manejo de conflictos 24

EDUCACIÓN 26
Aprender durante la vida entera 26
Inglés, inglés, inglés 27
La tierra de las computadoras 28
    ...Internet
Educación superior 31
    ...Ingresar al college...Pagando el college...Nota para los padres...
    ...Saque el máximo provecho de sus años de college
La educación de sus hijos 38
    ...La influencia de los maestros...Otras influencias
Si no terminó la secundaria 41

DINERO 42

Servicio de Ingresos Internos (IRS) - impuestos 42
Pagando cuentas 44
Páguese a usted mismo 45
Bancos y "Credit Unions" (Cooperativas de Crédito) 45
Planificadores financieros 47
Cómo hacer que aumente su dinero 48
Jubilación y Seguridad Social 51
Construyendo su historial de crédito 55
Tarjetas de crédito: bendición y maldición 56

COMPRAS MAYORES 58

Dificultades de comunicación 58
Los conceptos básicos de la negociación 59
Comprando un automóvil 61
Comprando seguros 65
   ...La póliza de automóvil...La póliza de inquilino...
   ...La póliza de vivienda...La póliza de servicios médicos...
   ...La póliza de invalidez o incapacidad...La póliza de vida
Comprando una computadora 68
Poseer un pedazo de Estados Unidos: el hogar 69
   ...La información es gratuita...El proceso de comprar vivienda...
   ...Buscando un préstamo hipotecario

PREPARÁNDOSE PARA LA PROFESIÓN CORRECTA 75

Un tercio de su vida 75
¿Cuál es su propósito? 77
¿Qué sueño haría realidad su propósito? 78
   ...¿Y si no tengo un sueño?...Cómo elegir un sueño...
   ...Ordene sus valores...Viva un día típico...
   ...Comprométase a cumplir su sueño...No diga nada
¡Acción! 82
   ...Establezca sus metas...Salga de su casa...
   ...Haga el trabajo...A veces perderá

TRABAJO 86

Entrevista informativa.. 86
Cómo ser eficaz en la búsqueda de empleo 87
...El proceso...Vendiendo su imagen...Empleos por Internet...
...Grandes organizaciones...Pequeñas organizaciones...
...Igual oportunidad de empleo...Diversidad...
...Lo que impide obtener el empleo
Documentación.. 102
La realidad del cambio.. 104
Comenzar su propio negocio 105
...Convirtiendo su pasión en un negocio...
...Las licencias comerciales...Crear valor...
...La historia de dos gerentes...Los conceptos básicos del mercadeo...
...Recordatorios sobre el arte de la negociación...Ser un empresario

SALUD, SEGURIDAD Y OTROS DATOS 113

Datos sobre cuestiones de salud 113
...Asistencia médica..Si no puede pagar los servicios médico-
asistenciales...Información sobre inmunizaciones...Señales de depresión
Datos para su seguridad 117
...Emergencias...Policía...Accidentes automovilísticos...
...Delincuentes: Si ellos quieren lo que usted tiene...
...Delincuentes: Si es a USTED a quien quieren...
...Estafas ("Scams")...Su firma...La importancia de hacer copias
Datos variados 122
...Leyes estadounidenses que pueden ser diferentes de las de su país...
...Panorámica sobre la inmigración...
...Abogados especializados en inmigración...Ciudadanía...
...Votación...La Social Security Administration...Usando el teléfono...
...Encontrar apartamento...Propinas...Viajes...
...Las publicaciones de su comunidad

ÉXITO Y SATISFACCIÓN 131

¡Esos extranjeros rebeldes! 131
Reflexión personal... 132

Éxito 133
Los hábitos y las actitudes del éxito 135
    ...Sentirse bien...Una imagen mental positiva...
    ...Motivación interna...Perseverancia...Integridad...
    ...Sentido del humor...Salud física...Salud espiritual
Los enmigos del éxito 143
    ...La preocupación...Miedo...Depresión
Satisfacción en Estados Unidos 146
    ...Trampa del Apego N° 1 - Anhelar dinero...
    ...Trampa del Apego N° 2 – El amor a las cosas materiales...
    ...Trampa del Apego N° 3 - "Yo soy así"...
    ...Trampa del Apego N° 4 - "Se supone que debe ser así"
Su familia 151
    ...La decisión más seria de su vida....La segunda decisión más seria
La declaración de nuestra misión 153
Declaración final 154

APÉNDICE 155
"¿Debo quedarme si ya venció mi visa?" 155
Información valiosa 157
    ...Educación...Trabajo...Dinero...Servicios legales...
    ...Salud y seguridad...Especialmente para personas mayores...
    ...Organizaciones de asistencia a refugiados e inmigrantes...
    ...Libros recommendados...Publicaciones recomendadas

MIRANDO EN INTERNET 167
ÍNDICE 181
BIBLIOGRAFÍA 187
SOBRE LA AUTORA 191
ORDER FORM 193

Prólogo

Los latinos muchas veces se sienten confundidos cuando se enfrentan a las costumbres estadounidenses, pero Raimonda Mikatavage les tiende una mano. Esta guía concisa y práctica para orientarse a través de las complejidades de la sociedad estadounidense, enseña a quienes acaban de llegar de países de habla hispana cómo salir adelante. Raimonda ayuda a los extranjeros a navegar diestramente por el proceso de búsqueda de empleo, el sistema educativo, el sistema bancario, el Servicio de Ingresos Internos y los servicios de salud. Les ofrece datos sobre dónde y cómo aprender inglés, inscribir a sus hijos en el kíndergarten y tratar con funcionarios de inmigración. Aborda las necesidades particulares de los inmigrantes latinos y facilita los nombres y números telefónicos de las instituciones orientadas a ayudarlos, así como también la información sobre servicios de interpretación.

El capítulo sobre el dinero explica a los nuevos inmigrantes cosas tan sencillas como la manera de pagar cuentas, pero también menciona las complejidades de la inversión, la jubilación y el crédito. El capítulo sobre el trabajo explica los fundamentos de la entrevista informativa, sugiere un plan de varios pasos para optimizar las probabilidades de conseguir empleo y presenta ejemplos de cartas de presentación, currícula y notas de agradecimiento en inglés y español. Raimonda les muestra a los inmigrantes cómo sacar provecho del nuevo énfasis en la diversidad y brinda información sobre los documentos necesarios para trabajar legalmente. Para los que vienen con buenos conocimientos de inglés y del uso de Internet, tiene datos útiles para refinar el proceso de búsqueda de empleo por medio de la tecnología. El capítulo sobre la salud y la seguridad explica lo que hay que hacer cuando uno no puede pagar los servicios médicos o los medicamentos prescritos. Como muchas veces los inmigrantes se sienten frustrados y deprimidos al enfrentarse a una cultura extraña, Raimonda describe las señales de depresión y les dice adónde acudir para obtener ayuda. En síntesis, "Inmigrantes y Refugiados" trata una amplia gama de problemas que afectan a inmigrantes de cualquier clase social: desde el trabajador indocumentado y no calificado, hasta el profesional.

"Inmigrantes y Refugiados" es un libro sucinto y claro, pero de ninguna manera aburrido. Raimonda salpica su prosa con chispazos de humor, y los dibujos amenizan sus páginas. Sus capítulos no son simples listas de instrucciones, también incluyen anécdotas que ilustran los puntos. En el capítulo dedicado a las relaciones humanas, Raimonda habla sobre las expectativas que abrigan los extranjeros que vienen a los Estados Unidos y la razón de sus decepciones. Explica ciertas diferencias entre la cultura estadounidense y otras culturas, por ejemplo la importancia que tiene el individuo para los estadounidenses, en contraste con el énfasis que hacen otras sociedades en la familia o la comunidad, o la tendencia de los estadounidenses a sonreír y evitar los conflictos, cosa que los extranjeros pueden confundir con la superficialidad. Raimonda aborda los gestos, el comportamiento, los tabúes y las actitudes. La importancia de la puntualidad en la cultura estadounidense y la noción de que "el tiempo es oro" son dos buenos ejemplos. Aunque nunca minimiza las dificultades que pueden encontrar los extranjeros al intentar adaptarse a su nuevo ambiente, su perspectiva es firmemente optimista. Raimonda reconoce que los inmigrantes tienen que hacer un esfuerzo, que tienen que aprender un nuevo idioma y familiarizarse con las nuevas costumbres; pero su mensaje es *que pueden* salir adelante.

Al final del libro Raimonda incluye una lista de recursos (organizaciones, publicaciones en inglés y español e instituciones educativas) que pueden facilitar el proceso de adaptación. Ojalá todos los inmigrantes que llegan a este país pudieran tener una copia de "Inmigrantes y Refugiados". ¡Sus primeros años en los Estados Unidos serían mucho más fáciles!

> **Bárbara Mujica**

Reeditado de *Américas*, revista bimensual publicada en inglés y español por el Secretariado General de la Organización de Estados Americanos.

Bárbara Mujica escribe novelas, cuentos y crítica literaria. Entre sus obras de ficción cabe mencionar: *The Deaths of Don Bernardo* (1990), *Sanchez Across the Street* (1997), *Affirmative Actions!* (1999) y *Far from My Mother´s Home* (1999). En 1993 ganó la Competencia Internacional de Obras de Ficción E.L. Doctorow y en 1998 el premio *Pangolin* al Mejor Cuento de ese año. Sus ensayos han sido publicados en *The New York Times*, *The Washington Post*, *The Miami Herald* y otros periódicos. Ha editado ocho antologías literarias, siendo las más recientes: *Premio Nóbel: Once grandes escritores del mundo hispánico* (1997) y *Milenio: Mil años de literatura española* (2000). Es profesora de literaturas hispánicas en la Universidad de Georgetown y dirige "El Retablo", un grupo de teatro en español.

Agradecimientos

Muchas personas contribuyeron a hacer posible este libro. Me brindaron sus conocimientos, su crítica constructiva y las palabras de aliento que tanta falta hacen. Ellos son, en orden alfabético:

Frank J. Bien
Silvina Cassinelli
Elizabeth Claire
Migs Damiani
Mark Dialectos
Mary Zervanos-Dialectos, Esq.
Anna Alexandra Dreyer
Martin J. Ford, PhD
Officer Doug Gibson
Patricia A. Hatch
Brian Jordan
Jim Kuh
Adolfo Lopez, MD
Arthur Lukowski
Senator Martin G. Madden
Barbara Mujica

Michael Murnock
Beltran Navarro
Sister Mary Neil
Carmen Nieves
Eugenia Ordynsky, Esq.
Elizabeth Ortega-Lohmeyer
Rudy Paul
Noah M.J. Pickus, PhD
Wolf J. Rinke, PhD
Patricia Rojas
Kinza Schuyler
Leo Shraybman
Charito Calvachi Wakefield
Meintje Westerbeek
Roger P. Winter
World Relief staff

Gracias a Nora L. López por su diligente traducción de este libro del inglés al español.

Gracias a *Darbininkas*, el periódico semanal lituano, por autorizar la reimpresión de las anécdotas humorísticas.

Siempre, y muy especialmente, gracias a James T. Mikatavage, mi esposo y mi mejor amigo.

INTRODUCCIÓN

Por qué usted debe leer este libro

Este libro es para todos los pioneros. En el diccionario Webster se encuentra esta definición de la palabra "pionero": "el que abre nuevas áreas de pensamiento, investigación o desarrollo." Modificando esa definición para que nos incluya a nosotros, que somos inmigrantes en este país, diremos que como pioneros tenemos que concebir nuevas ideas y emprender nuevas acciones para construir una vida de calidad.

No todos los inmigrantes que llegan a los Estados Unidos encajan en la definición de pionero, hay muchos que no podrían definirse así. Muchas veces la historia típica de un inmigrante es como sigue: una familia de cuatro miembros, seleccionada según el plan de diversificación (lotería de la "green card"), llega a EE.UU. La meta es conseguir una mejor educación para los hijos, mejores oportunidades de empleo, un mejor nivel de vida.

Como cualquier otra familia, los recién llegados tendrán que tomar muchas decisiones. ¿Las tomarán después de reflexionar seriamente sobre sus circunstancias personales? ¿Calculando los riesgos? ¿Las llevarán a la práctica después de meditar cuidadosamente? Puede ser que no. Con frecuencia los inmigrantes encuentran que es más fácil continuar con los mismos patrones de conducta o imitar a los demás.

Pasado el tiempo, la familia de inmigrantes va adaptándose progresivamente. Los padres se dan cuenta de que la vida en Estados Unidos es complicada y difícil, tanto como lo fue en su país, y que en realidad es mucho más dura. Se sienten orgullosos de muchos elementos de su identidad cultural, pero se lamentan de otros. Con frecuencia sienten la soledad. Muchos de ellos no están satisfechos con la vida que llevan, pero muy raras veces lo admiten. No esperaban que las cosas fueran así, pero después de tanto tiempo resulta inconcebible regresar a la patria. Los parientes los verían como unos fracasados, y por otra parte, ya están demasiado "americanizados". La atención se centra entonces en los hijos. Por lo menos ellos hablan un buen inglés. Permitamos que ellos tengan buenas oportunidades de educación y trabajo. Al fin y al cabo vinimos por ellos ¿no es así?

¿Qué fue lo que pasó? Bien, que la típica historia de inmigrantes, tan prometedora y llena de esperanzas al principio, se fue convirtiendo en una historia estadounidense típica, una que podemos encontrar a cada paso. Las decisiones importantes se toman a la ligera, por accidente o con intenciones equivocadas. Los malos hábitos se arraigan en la vida cotidiana. La incapacidad para socializar con los demás impide que se establezcan buenas relaciones. La ignorancia en cuestiones monetarias obstaculiza un futuro seguro. La vida del inmigrante se vuelve una desilusión. Una auténtica satisfacción en "la tierra de las oportunidades" se vuelve un imposible. Así ocurre todo el tiempo.

Como lo puede apreciar, comenzar una vida en otro país es algo extremadamente exigente. Un inmigrante puede llegar a sentirse tan abrumado por todas las presiones (un idioma nuevo, encontrar trabajo, aprender a moverse en el nuevo ambiente, aclimatarse y sentirse a veces entusiasmado y otras deprimido), que lo único que desea es poder acabar un día más.

Sí, usted tomó la decisión de venir a Estados Unidos. Ciertamente, usted hizo todo lo necesario para lograr vivir aquí. ¡Felicitaciones! Muy probablemente muchos paisanos suyos quieren venirse y no lo logran. Sin embargo, todos podemos equivocarnos en la vida. Nuestra decisión de venir a este país no está exenta de error. No obstante, que su decisión resulte ser "una equivocación" o que lo siga siendo, depende de lo que haga ahora, cuando ya está aquí.

Usted puede decir que es un recién llegado, un inmigrante, un refugiado, un estadounidense, que todavía se siente muy identificado con su país natal. Sea como sea que se defina, para poder decir que es un pionero hace falta que esté dispuesto a concebir nuevas ideas y emprender nuevas acciones. Opinar, pensar y actuar como lo hacía en su país puede que le sea útil aquí como puede que no. Su disposición a aceptar, a adaptarse y a cambiar va a decidir en gran medida si va a lograr la "mejor vida" que vino a buscar. Transformarse en un estadounidense no le va a dar ninguna satisfacción permanente. Volverse un pionero sí.

Este libro no lo abarca todo ni pretende tener la última palabra sobre la vida en Estados Unidos. No le advierte sobre todos los obstáculos, sorpresas o escollos que puede encontrar en el camino (imagínese nada más todas las sorpresas que puede tener un recién llegado a su país). Sin embargo, le ofrece algunas estrategias comprobadas que podrían ayudarlo a prepararse para tomar algunas decisiones importantes y evitar ciertos errores, que podrían ahorrarle dinero y solucionar algunos problemas.

Después de leer este libro debe buscar tanta información adicional como le sea posible <u>sobre todos los temas, no sólo los que le interesan</u>. Hay muchas historias tristes sobre inmigrantes que no ampliaron sus conocimientos sobre su nuevo ambiente y se metieron en serios problemas con los impuestos, no lograron sus metas profesionales, se arruinaron o pasaron por otros desastres. <u>Es necesario saber algo más que lo que está a la vista.</u>

Querido pionero, *su decisión de venir a este país sin duda va a tener consecuencias permanentes. Espero que sus acciones lo lleven a una vida pionera completamente satisfactoria en los Estados Unidos.*

Notas . . .

"Sin sueños de esperanza y dignidad un hombre muere. Aunque su carne todavía se agite, su corazón duerme en la sepultura..."-- Estrofa de una canción de Chuck Mangione.

Los psicólogos piensan que las necesidades básicas de cualquier ser humano incluyen la seguridad, el reconocimiento, el control de su propia vida y la oportunidad de expresarse creativamente y tener nuevas experiencias (M. Scott Peck, 1978). En mi país natal, Lituania, la ocupación soviética atropelló todas y cada una de las necesidades básicas de la gente, y no por un día, o por una semana, sino durante cincuenta años. No había libertad para experimentar, para decir la verdad, para crear lo que uno quería, para decidir sobre su propia vida.

Por otro lado, quizás en su país hubo atropellos en una u otra forma. Tal vez por eso mismo es que usted está aquí. Quizás se vino a Estados Unidos disgustado por tener que volver a empezar desde cero. Si ése es el caso, es bueno que ponga punto final a esos sentimientos. Nada gana con seguir culpando a otros o con seguir esperando a que las cosas mejoren en su país para poder regresar. Si su pensamiento siempre está allá, ¿cómo va a triunfar aquí? Como lo expresó Barry Tuckwell, un gran músico nacido en Australia y nuevo ciudadano estadounidense: "esto es como casarse. Si uno va a vivir en un país, no se puede vivir con las maletas empacadas" (Baltimore Sun, 1996).

Trate de no vivir con un pie en Estados Unidos y el otro en su país. Por supuesto que nunca va a olvidarlo, ni tampoco a los seres queridos que quedaron allá. Manténgase en contacto por carta, llamadas telefónicas o visitas ocasionales, pero cuando esté aquí, esté aquí. Utilice los sentimientos relacionados con su pasado como un aliciente para actividades positivas en los Estados Unidos, actividades que incluso podrían ayudar a su país o a los familiares que quedaron atrás.

Estados Unidos: una segunda mirada

La primera mirada a Estados Unidos podría denominarse "la etapa de la luna de miel". Durante ese período, que puede durar varios meses, uno disfruta viajando por el país, reuniéndose con familiares y amigos, sintiendo muchas veces que lo protegen, descubriendo tantas cosas diferentes e interesantes. A pesar de las dificultades del idioma y de los muchos ajustes, es como una vacación.

Con frecuencia esa época de luna de miel es lo que más tienta a los visitantes a quedarse aquí. Llegan con una visa de turista, prueban la vida en Estados Unidos y sienten que es divertida, nueva, que todos sus problemas quedaron atrás, que los parientes que residen aquí están pendientes de ellos. La sola experiencia de estar en un lugar nuevo hace que la gente se sienta renovada, animada, involucrada, importante.

Muy pronto la realidad se impone: llega la segunda fase. Probablemente el segundo año en los Estados Unidos sea el más duro de todos: emocional, financiera y físicamente. Ya el inmigrante habrá sufrido alguna descortesía, habrá luchado por conseguir empleo, probablemente habrá aumentado de peso, se habrá dado cuenta de lo difícil que es tratar de comunicarse si no habla inglés con fluidez, y con certeza habrá tenido episodios de soledad e incluso de depresión. Es probable que las amistades que hizo cuando llegó a los Estados Unidos se hayan alejado. Además, el hecho de que los familiares que dejó en su país crean que aquí se puede triunfar en forma instantánea, puede ser otra carga más.

Lógicamente la barrera del idioma es un obstáculo muy difícil de superar para muchos inmigrantes. Sin embargo, quizás la barrera más grande sea la psicológica. Uno puede sentirse realmente solo aquí. Atrás quedaron todos sus amigos, su familia, las calles que acostumbraba recorrer, el "sistema" que conocía. Aquí todo es distinto: las costumbres, las tradiciones, las creencias, la conducta. Tiene que hacer grandes cambios en su forma de pensar y de actuar.

¿Qué es lo que empieza a notar el recién llegado? Que algunos tienen mucho, y otros no tienen ni donde vivir. Que al igual que en su país, hay gente buena y gente mala. Que los familiares o amigos que lo ayudaron al principio, sencillamente no pueden seguir haciéndolo. Que en Estados

Unidos la vida no es tan organizada como pensaba. Que, de hecho, muchas cosas no tienen sentido. Que hay más preguntas que respuestas.

Me acuerdo de lo difícil que fue para nosotros cuando llegamos como refugiados en 1972. Creíamos que aquí siempre habría dinero, que podríamos tener todo lo que quisiéramos. En cierta forma pensábamos que éramos especiales porque habíamos escapado, que éramos gente importante, que alguien se ocuparía de nosotros, que la vida sería fácil. Bueno, nos equivocamos. Fuimos iguales a todos los demás inmigrantes, trabajando duro para poder llevar comida a la mesa.

En Lituania mi padrastro era abogado y mi madre dermatóloga. Cuando llegaron a Estados Unidos hicieron muchos contactos, había gente que los ayudó, y sin embargo pasaron muchos años antes de que pudieran conseguir un buen empleo. Tuvieron que empezar de nuevo desde cero: nuevo idioma, nueva educación, nuevas carreras profesionales. Finalmente encontraron un trabajo satisfactorio y ahora están retirados.

Mi hermana, mi hermano y yo también pasamos momentos duros. En la escuela los niños estadounidenses se burlaban de nosotros. Éramos diferentes, no podíamos hablar inglés bien, no encajábamos. Nosotros queríamos ser como los niños estadounidenses, pero nuestros padres querían que siguiéramos siendo niños lituanos. Con el tiempo nos adaptamos al nuevo ambiente, aprendimos inglés, logramos buenas calificaciones escolares, hicimos amigos. Sin embargo, nada de eso fue fácil.

La segunda fase en los Estados Unidos podría durar muchos años y podría ser muy desalentadora. Puede ser que usted empiece a preguntarse si mudarse para acá fue una buena idea. Puede que tenga dudas. No es un buen momento para decidir sobre el regreso. Suspenda esa decisión hasta la tercera fase.

Estados Unidos: la tercera fase

"Uno no se vuelve estadounidense porque ande por ahí diciendo que es estadounidense. Es necesario sentirse estadounidense, amar a Estados Unidos y también trabajar". -- Georgia O´Keeffe

Ningún país es perfecto, pero a pesar de sus imperfecciones, Estados Unidos sigue siendo un país donde la gente puede lograr "lo imposible". Los inmigrantes han estado luchando contra las circunstancias por generaciones, triunfando a pesar de tantos obstáculos.

Ahora, usted también lo hizo. Está aquí, en los Estados Unidos, la tierra de las oportunidades. ¿Se sentirá satisfecho con su decisión? ¿Estará contento con su nueva vida? Sé por experiencia que así puede ser.

Lo animo a seguir entusiasmado con Estados Unidos. El himno que viene a continuación siempre levanta mi espíritu. Lo compuso Katherine Lee Bates, una educadora y autora de Massachusetts, en 1893. Su versión final es de 1911.

<u>*America, The Beautiful*</u>
O beautiful for spacious skies,
For amber waves of grain,
For purple mountain majesties
Above the fruited plain.
America! America!
God shed His grace on thee,
And crown thy good with brotherhood
From sea to shining sea.
O beautiful for pilgrim feet
Whose stern impassioned stress
A thorough-fare for freedom beat
Across the wilderness.
America! America!
God mend thine every flaw,
Confirm thy soul in self control,
Thy liberty in law.
O beautiful for heroes proved
In liberating strife,
Who more than self their country loved
And mercy more than life.
America! America!
May God thy gold refine
Till all success be nobleness,
And every gain divine.
O beautiful for patriot dream
That sees beyond the years,
Thine alabaster cities gleam,
Undimmed by human tears.
America! America!
God shed His grace on thee,
And crown thy good with brotherhood
From sea to shining sea.

<u>*América, la Hermosa*</u>
Oh hermosa por sus amplios cielos,
por las olas de espigas ambarinas
por montañas purpurinas que reinan
sobre fructíferas praderas.
¡América! ¡América!
Dios derrama su Gracia en ti,
y corona tu bondad con hermandad
de un mar radiante, al otro.
Oh hermosa por las plantas peregrinas
que con firmes, apasionados pasos
una senda a la libertad transitan
por la tierra virgen.
¡América! ¡América!
Dios enmienda cada una de tus fallas,
y confirma tu alma continente
y tu libertad con ley.
Oh hermosa por los héroes
probados en la lucha libertaria,
que a su país más que a sí mismos amaron,
y más a la misericordia que a la vida.
¡América! ¡América!
Que Dios refine el oro que contienes
hasta que todo éxito nobleza sea,
y toda ganancia sea divina.
Oh hermosa por el patriótico sueño
que más allá de los años mira
como tus ciudades de alabastro brillan,
sin que lágrimas humanas las opaquen.
¡América! ¡América!
Dios derrama su Gracia en ti
y corona tu bondad con hermandad
de este radiante mar, al otro.

Según las cifras del censo estadounidense, en Estados Unidos residen 25 millones de personas que no nacieron en este país. Casi uno de cada diez residentes proviene de otro lugar. En los próximos diez años se espera que lleguen otros nueve millones de inmigrantes legales. Seguramente muchos vendrán con ambiciones, sedientos de éxito, ansiosos de aprender, deseosos de sobresalir, de competir y trabajar con los estadounidenses. Nada de eso tiene que intimidarlos si se preparan bien.

Quisiera cerrar esta sección citando las palabras de dos inmigrantes rusos recién establecidos en Estados Unidos, Vladimir y Dora Ponomareva: "...cuando despierto cada mañana digo: gracias a Dios que estoy aquí" (Dora Ponomareva, Baltimore Sun, 1995). Los Ponomareva ya encontraron trabajo, compraron su casa y están muy satisfechos con su nueva vida.

Aunque no sea fácil, es posible que usted también lo logre.

RELACIONES

¡Esos estadounidenses sí que son raros!

"Yo nunca creí que para ser parte de Estados Unidos tuviéramos que vernos todos iguales o vestirnos igual".
- Senador Ben Nighthorse Campbell, Colorado

Al leer este libro y al reflexionar sobre su estilo usted tendrá una visión de la cultura estadounidense. Está escrito en forma directa, coloquial, orientada al individuo. Es conciso y va al grano. Evita las sutilezas. Trata de persuadirle y su meta es ahorrarle tiempo. ¡Es Estados Unidos en pocas palabras! Tal vez se sienta un poco incómodo al leerlo cuando no coincida con sus convicciones culturales.

Es difícil encontrar un recién llegado que diga, "¡Estados Unidos es exactamente como me lo imaginaba!". Cuando estaban en su patria muchos veían películas y shows de televisión estadounidenses que fomentaron ideas falsas sobre la sociedad de este país. Muchos vienen con la idea de que en Estados Unidos todo es limpio y nuevo, que la gente se hace rica sin tener que trabajar duro, que las fiestas con champaña son parte de la vida diaria, que todas las casas son modernas, que las mujeres son libres y fáciles, y que, como en el cine, un niño que se pierde en Nueva York podría alojarse en un hotel de lujo. Al llegar aquí, se llevan una gran sorpresa.

Si uno realmente quiere entender la cultura estadounidense debe olvidarse de todas las expectativas y, por consiguiente, de cualquier idea preconcebida. Es recomendable que comience por aceptar que en todo el mundo la mayoría de la gente se comporta como le enseñaron (Gary Althen, 1988). A usted lo enseñaron de una manera, a los estadounidenses de otra. Si entiende eso desde el principio, podrá ser más objetivo y se sentirá más sereno cuando se enfrente a una situación cultural que lo desconcierte. Con un poco de suerte, tal vez hasta conozca estadounidenses que acepten sus costumbres al comprender que así le enseñaron a comportarse sus padres y su cultura.

Veamos lo que perturba a los recién llegados sobre algunas costumbres de Estados Unidos y su gente. A muchos los desconcierta la cordialidad inicial de los estadounidenses: muchas sonrisas, apretones de mano, y luego se van y uno no los vuelve a ver. No entienden por qué se comportan amistosamente cuando en realidad no intentan trabar una amistad. Otros se imaginan que rápidamente van a hacer amistades entrañables con estadounidenses, y descubren que eso no es fácil. Entonces comienzan a etiquetar la "sonrisa estadounidense" como una "sonrisa falsa" y, al menos al principio, sienten que Estados Unidos es un lugar frío e inhóspito.

Es difícil generalizar sobre los estadounidenses, porque hay una gran variedad, pero vamos a analizar por qué, en un término medio, ellos hacen lo que hacen. En primer lugar, ¿cómo se ven a sí mismos los estadounidenses? Bueno, la mayor parte opina que ellos son individuos amistosos y abiertos. Piensan que se mantienen separados pero que son iguales (Gary Althen, 1988). Separados porque consideran que no pertenecen a ningún grupo particular. Cada uno quiere hacer sus cosas "a su manera". Iguales por el principio de "todos fuimos creados iguales". Para muchos, su conducta no es diferente de la de cualquier otro, y tampoco creen que esa conducta tenga que ver con alguna cultura específica. Aunque consideren que la mayoría de la gente es relativamente igual, eso no quiere decir que en este país no haya una extensa discriminación. Sólo significa que la mayoría de los estadounidenses piensa que todos queremos básicamente las mismas cosas de la vida, pero ellos las consiguen cada uno a su modo.

A los recién llegados les resulta extraño esta doctrina sobre ser iguales, pero estar separados. Muchas culturas ponen énfasis en la mentalidad de grupo, en las tradiciones, en prestar atención a las opiniones de los padres, en no separarse. Muchos ven el individualismo estadounidense como una conducta desconsiderada y una falta de interés en los demás seres humanos. Además, algunas culturas no piensan que todas las personas sean iguales. En algunas partes las mujeres no son iguales a los hombres; otras culturas consideran que ciertas clases de personas son superiores o inferiores.

Para los estadounidenses el tiempo es oro. Muchos consideran que el tiempo es todavía más importante que el dinero. Ellos le dan un gran valor a la puntualidad, y esperan que todo el mundo sea puntual. En otras culturas muchas veces el tiempo ni siquiera se menciona, dicen "te veo esta noche", y llegarán cuando lleguen.

Otra diferencia transcultural es que los estadounidenses perciben a las demás personas en partes, mientras que muchas otras culturas perciben a la persona como un todo (Gary Althen, 1988). Los estadounidenses tienen amigos para la farra, otros para ir de compras, algunos para esquiar, otros para relajarse, amigos para mantener conversaciones estimulantes, amigos de negocios, y la lista continúa. Forman relaciones que se ajustan a sus necesidades y encuentran gente a la que le guste hacer lo que ellos hacen. En otras culturas no ven las cosas así: la amistad para ellos es una cuestión de entrega total. Desean llegar a conocer a la persona como un todo, involucrarse profundamente. No quieren hacer simplemente cosas superficiales, quieren saber cómo piensa la gente. No entienden qué necesidad tienen los estadounidenses de hacer siempre alguna cosa, en lugar de mantener una conversación inteligente.

Muchos estadounidenses no pueden simplemente estar sentados, pasando el tiempo con otros. Se sienten incómodos cuando nadie habla. No les gusta discutir. Evitan tópicos profundos como religión, filosofía o política (lo que no significa que no piensen en eso. Sí que lo hacen, pero la mayoría no habla de esos asuntos). Mantienen la conversación en un nivel superficial y buscan los puntos de vista en común. Si no encuentran un punto de vista o una opinión en común, muchas veces no se interesan en establecer una amistad. En cambio para otras culturas tópicos tales como la política o la religión son parte esencial de la vida. Disfrutan hablando de temas profundos. Es así como se relacionan con otras personas. Muchas veces piensan que los estadounidenses son superficiales o poco inteligentes y se preguntan "¿por qué solamente hablan de deportes y del clima?". Bueno, para muchos estadounidenses los intentos de conversación de los extranjeros tampoco son muy inteligentes, y se preguntan "¿por qué se ponen tan profundos y emotivos?".

Otra diferencia cultural es que, en su gran mayoría, los estadounidenses se interesan más por su futuro que por su pasado. Como verán en este libro, ellos piensan que pueden forjar su futuro fijándose metas y esforzándose en alcanzarlas. Piensan que eso se consigue con creatividad e imaginación, trabajando duro y perfeccionándose. Otras culturas se concentran más en el pasado. La estirpe es más importante. Algunos no creen que puedan realmente cambiar su destino, y piensan que deben aceptar la vida que les tocó. Quieren vivir pasivamente. ¿Comprende ahora por qué eso puede ser un problema en los Estados Unidos? Las influencias culturales comienzan muy temprano en la vida. La mayoría de las familias estadounidenses tratan a los niños como pequeños adultos. Su opinión es importante. Tienen la posibilidad de escoger. Se les estimula a ser independientes desde muy corta edad. Su autoestima es más importante que las calificaciones de la escuela. Eso sorprende a muchos recién llegados. En muchas otras culturas los niños no tienen opciones, comen lo que se les da, "se ven pero no se oyen" y por lo general su autoestima depende de sus logros académicos, atléticos o creativos.

En términos generales, la mayoría de los estadounidenses cree sinceramente que Estados Unidos es el mejor país del mundo. Y creen que las personas que viven en otros países se mudarían a Estados Unidos, si tuvieran la oportunidad. Como ven a Estados Unidos como lo mejor del mundo, los otros países son inferiores de una u otra forma. Esa idea se transmite de generación en generación y se refuerza con los flujos de inmigrantes que llegan al país. Es posible que usted encuentre muchas otras diferencias culturales que no hemos mencionado aquí. Si resulta que hay tantas diferencias, y si en Estados Unidos hay mucha gente de su propio país con la que puede hacer amistad, ¿para qué va a tratar de relacionarse con los estadounidenses? El siguiente ejemplo puede ayudar a responder esa pregunta. Durante un tiempo fui una extranjera en un país extraño para mí (no vale la pena decir cuál), donde tuve mucho contacto con una organización multinacional. Un chiste corriente entre los estadounidenses era que tratar de hablar por teléfono con hombres de negocios los viernes por la tarde era una pérdida de tiempo, porque entonces estaban ocupados haciendo citas con sus "amiguitas". Después de que hice un esfuerzo para llegar a conocer realmente a la gente del país, comprendí que era injusto generalizar esa descripción.

Si intenta comprender la cultura estadounidense y a su gente, evitará ideas falsas perpetuadas por sus compatriotas y descubrirá la realidad para tomar sus propias decisiones.

- ■ Preguntas:
1. ¿Qué diferencias hay entre la cultura estadounidense y la cultura de su país?
2. ¿Qué es lo que más lo frustra en esta cultura?
3. ¿Cuáles eran sus expectativas sobre los Estados Unidos antes de venir aquí?

■ ■ ■

Integrándose

Algunos recién llegados se integran a la sociedad estadounidense más rápido y mejor que otros. Algunos lo logran gracias a su profesión, pero fuera de ese ambiente sufren para integrarse socialmente. El doctor Adolfo

López, un médico venezolano, siente que su profesión lo ayudó a entrar automáticamente en el círculo social de los otros médicos del hospital estadounidense, pero con personas de otras esferas la barrera del idioma fue más perjudicial.

Si quiere integrarse lo más rápido y de la mejor manera posible es necesario que aprenda a comunicarse en inglés, que tome en cuenta los hábitos de higiene y apariencia personal de los estadounidenses y que adopte cuando menos algunas de sus conductas. Claro que eso no se hace de la noche a la mañana.

Lo primero que tiene que aprender es el idioma. Si uno va a Portugal y no habla portugués, ¿qué oportunidades tiene de llevarse bien con la gente del país? Pocas. Mientras más rápido aprenda inglés, y pueda comunicar sus pensamientos y sentimientos, más rápido será aceptado, tendrá amigos, encontrará trabajo, etc. Es comprensible que buscando familiaridad, ayuda y seguridad, se mantenga junto a la gente que habla su idioma, pero mientras más pronto se sumerja en el aprendizaje del inglés, leyendo periódicos, revistas y libros en inglés y estableciendo relaciones con estadounidenses, mejor para usted. Eso no quiere decir que no pueda tener una vida satisfactoria dentro de su comunidad étnica y hablar su propio idioma. Sin embargo, sin inglés, sus oportunidades en los Estados Unidos son limitadas. No importa que hable con acento o que cometa errores. Lo importante es que hable, escriba y lea inglés. Cuando la gente comience a entenderle y a sentir que usted los entiende, entonces comenzará a encajar en esta sociedad.

Usted llegó a Estados Unidos con sus propios hábitos y conductas. Puede que le sirvan de ayuda o puede que no. Analizándose a usted mismo y observando a los estadounidenses que le rodean se dará cuenta de cuáles son las conductas adecuadas. Ese autoanálisis es crucial en lo que se refiere a las ideas básicas sobre higiene personal. Cuando vivía en Lituania, allá había un concepto de higiene diferente. Pensaban que el cabello se caía si lo lavaban con demasiada frecuencia. No era fácil conseguir desodorantes. El agua y el jabón no podían "desperdiciarse" en el baño diario. En algunos países es muy normal bañarse y volver a ponerse la misma camisa que se usó toda la semana. Con frecuencia sólo lavan la ropa cuando ya tiene una mancha visible. Aun después de llegar a Estados Unidos, donde el agua y el jabón son baratos, la gente no cambia sus hábitos de higiene personal. ¿Cuáles son sus ideas sobre una higiene apropiada? ¿Son diferentes de las de los estadounidenses?

En su mayoría, los estadounidenses son extremadamente sensibles a los olores de cualquier clase, y les repugnan particularmente los olores corporales. Su modo de crianza, sus compañeros y los comerciales de televisión refuerzan esta conducta. Notará que las mujeres se afeitan las piernas y las axilas. La ropa no tiene olores particulares. Las personas se cepillan los dientes al menos dos veces al día. Su cabello no tiene aspecto grasoso porque lo lavan varias veces a la semana. Usan poco maquillaje. En su mayoría, los estadounidenses lucen aseados y no usan perfumes excesivos.

Es posible que un recién llegado que se bañe o lave su ropa con la misma frecuencia que lo hacía en su país, no encaje en la sociedad estadounidense. Aquí se aplica el principio de que la primera impresión es la que vale. Es muy difícil cambiar la primera impresión. Una persona que despide olores corporales crea al instante una mala impresión. Es muy posible que se pierda una amistad, o que no se obtenga un trabajo, y nunca se sabrá por qué. Si desea la compañía de los estadounidenses, tiene que amoldarse a sus normas de higiene.

Observe a la gente a su alrededor. ¿Qué ropa usan? ¿Cómo luce su cabello? ¿Cómo tratan los demás niños a sus hijos? ¿Se burlan de ellos por alguna razón? Añada un baño a la rutina diaria, haga que cambien su ropa interior a diario, asegúrese de que se cepillen los dientes. El olor de algunos alimentos étnicos permanece en el aliento por dos días. Ya es bastante difícil para sus hijos ser "diferentes", es necesario impedir que, además, los eviten.

Para la mayoría de los estadounidenses los dientes son muy importantes. En ningún otro país se le da tanto valor a los dientes blancos, derechos y limpios. Obviamente, los estadounidenses no tienen una buena opinión de los dientes de oro. Aunque usted haga todo lo demás correctamente, su diente de oro siempre saltará a la vista. Si viene de un país donde usan capas de oro para arreglar los dientes delanteros, sería bueno que pensara en hacer una visita a un buen dentista para que le haga una evaluación (una opción de bajo costo sería la escuela de odontología de la universidad local).

Muchas veces los recién llegados comentan que los estadounidenses se visten en forma desaliñada. La comodidad es muy importante aquí, pero por lo general se siguen ciertas reglas. Cuando mi primo lituano vino de visita no podía entender por qué yo le pedía que no usara medias negras con sus zapatos de deporte blancos. Bueno, sencillamente los estadounidenses no hacen eso. Si quiere integrarse preste atención a lo que usa la gente a su alrededor. Verá que no usan la misma ropa dos días seguidos. En todos los países que he visitado eso es algo muy normal. Si observa cuidadosamente notará que aquí la gente combina los colores y materiales de su ropa. Aunque usted tenga una higiene perfecta y hable un inglés fluente, inmediatamente verán que es extranjero por la ropa que usa.

Si analizó ya sus hábitos y su conducta (que tienen fuertes bases culturales), sabrá lo que tiene que cambiar. Por ejemplo, si usted vino convencido de que para que lo respeten en los negocios tiene que ser frío y duro, evitar las sonrisas y tratar de ganar para que el otro pierda, se va a encontrar con que esa actitud posiblemente no funcione en Estados Unidos, porque aquí se utiliza la cortesía, la cordialidad y la franqueza. O si está acostumbrado a dar la mano blandamente mientras baja los ojos, como es la costumbre en muchas culturas, probablemente sea mejor que "americanice" un poco ese apretón de manos. Los estadounidenses esperan el contacto visual, una sonrisa y un firme y rápido apretón de manos. Si siempre llega tarde a las reuniones y los eventos sociales porque en su país eso no tiene importancia, tenga en cuenta que aquí sí la tiene.

Cuando tenga tratos con compañías o instituciones estadounidenses es mejor seguir los procedimientos establecidos. La burocracia estadounidense tiene sus procedimientos específicos y toma tiempo. Pregunte cuál es el proceso y qué es lo que tiene que hacer. En algunos países hay que llegar hasta el jefe para conseguir cualquier cosa. En Estados Unidos no necesariamente es así. Por lo general, hay empleados de menor nivel que pueden manejar la mayoría de los asuntos. Para integrarse, muchas veces hay que hacer funcionar "el sistema" con cortesía y paciencia.

Existe un obstáculo para entrar en la sociedad estadounidense que no he mencionado todavía, y que seguramente va a encontrar en algún momento. Se trata de la xenofobia, una palabra de gran cognotación negativa usada para describir "un temor a todo lo extraño o extranjero". Lo más probable es que usted no tenga ese temor, pero los otros sí. La parte que a usted le corresponde es hacer un esfuerzo genuino por adaptarse. Recuerde que integrarse exige de usted que aprenda a comunicarse en inglés, que sea sensible al estilo estadounidense de higiene y apariencia, y que adopte al menos algunas conductas "americanizadas". Armado con esos elementos básicos, estará preparado para conocer a los estadounidenses y para que ellos también lo conozcan.

■ Preguntas:
1. ¿Qué esfuerzos son recomendables para acelerar al proceso de integración?
2. ¿Qué esfuerzos tienen que hacer los extranjeros en su país?

■ ■ ■

Tome la Iniciativa y Vaya Poco a Poco

"¡Los estadounidenses no quieren hablar conmigo!". Esa es una queja común de los nuevos inmigrantes. Una buena respuesta sería: "Cuando usted estaba en su país, ¿entablaba conversación con los extranjeros?". Es muy probable que la respuesta sea un "no".

Si desea comenzar una amistad o alguna relación con un estadounidense usted tendrá que ser el que hable primero y tendrá que construir lentamente esa amistad. Tendrá que tomar la iniciativa por la misma razón por la cual los extranjeros en su país tendrían que tomar la iniciativa para conocerlo a usted. En la mayoría de los países las personas no buscan trabar amistad con extranjeros. Es una actitud universal. Esto no significa que no quieran tener amigos extranjeros; solamente que esperan que el extranjero dé el primer paso. Por lo tanto, usted, como extranjero en Estados Unidos, tendrá que dar ese primer paso.

Iniciar una conversación con un estadounidense no es difícil. Si se siente nervioso, puede decirlo. Si hay mucho calor, comience con eso. Pregunte cualquier cosa. Pregúntele sobre su familia, su trabajo, sus pasatiempos, sus experiencias como viajero, pregunte incluso sobre aspectos culturales. Es recomendable no abordar tópicos que tengan que ver con dinero, religión, filosofía o política. La mejor estrategia es demostrar un interés sincero en la otra persona. Diga poco sobre usted mismo y deje que la otra persona hable. Mientras más hable, más posibilidades tendrá de volverla a ver.

Evite convertirse en un "acaparador de tiempo". Nada puede crear una impresión de egoísmo o causar tanto fastidio como una persona que habla demasiado o que no se despega de nuestro lado. Muestre control sabiendo cuando terminar una conversación. No espere a que la otra persona diga que tiene que irse. El tiempo es valioso para todos. Despídase cortésmente y permita que esa persona hable con los demás. Si se trata de alguien que quisiera volver a ver, pregúntele cuál sería la mejor manera de encontrarse con él o ella. Puede que le den su tarjeta de presentación o el número de teléfono de su casa, o que le pidan el suyo.

Con los estadounidenses usted tiene que ir despacio. Si les suelta toda la historia de su vida, si habla de todos sus problemas, fanfarronea sobre todas sus aptitudes, toca temas muy hondos para conocer la intimidad de la otra persona, espantará a la mayoría de los estadounidenses. Tenga presente lo que haría una persona individualista e independiente. Es lógico que huiría de alguien con tendencia a la dependencia y además latoso.

Recuerde también que a los estadounidenses les gusta estar haciendo algo. Intente el método de "vayamos de compras juntos", o "alquilé una cinta de video, ¿quieres venir a verla?". Al principio, concéntrese en hacer, antes que en conocer. En algunos países las personas establecen amistades porque valoran las diferencias, para poder aprender unas de otras. En Estados Unidos es exactamente al revés. Se establecen amistades por las similitudes. "Mientras más te parezcas a mí, más oportunidades hay de que seamos amigos".

Como norma general, si usted fuma, fíjese dónde lo hace. Es mejor fumar solamente si otra persona lo está haciendo. Incluso cuando pregunten su opinión, nunca critique a Estados Unidos o su sistema político. Es gracioso como los estadounidenses se sienten en libertad de hacerlo, pero no admiten que lo hagan los extranjeros. Si usted es hombre, no se pare muy cerca de un estadounidense ni lo roce. La mayoría reaccionaría negativamente. Y sobre todo, no juzgue lo que es correcto o incorrecto en la mayoría de las situaciones. Estaría aplicando sus patrones culturales y ya no está en su propia cultura.

Hay muchas cosas sobre Estados Unidos o sobre los nuevos vínculos que está desarrollando que pueden parecerle extrañas. Si aplaza cualquier juicio y se toma el tiempo necesario para escuchar, aprender y comprender, verá las cosas desde un ángulo diferente.

■ Preguntas:
1. ¿Se sentiría cómodo iniciando una conversación con un estadounidense?
2. ¿Cuáles serían los tópicos interesantes de conversación?
3. ¿Cuales serían las actividades que podría realizar con un amigo estadounidense?

■ ■ ■

Fundamentos de una relación

Los principios universales para iniciar una relación incluyen confiar en otros, ser honestos, notar lo bueno que hacen los demás, ser gentiles, y pedir disculpas cuando se cometa un error. Hay una palabra que lo resume todo: respeto. Al usar esos principios usted demuestra que respeta a la gente. No importa en qué país esté, no importa en cuál cultura, si respeta a los demás, es más seguro que lo respeten a usted. Démos un vistazo a los fundamentos de las relaciones interpersonales.

Confíe en las personas desde el momento en que las conoce, aun sabiendo que no siempre ellas confiarán en usted. Suena ridículo, pero inténtelo. La confianza es el ingrediente esencial de cualquier relación, y alguien tiene que empezar. Si confía en el comportamiento de aquellas personas que conoce, ellas lo percibirán y no lo decepcionarán. Haga el siguiente experimento con dos personas: confíe en una y en la otra no. Fíjese con cuál de las dos es más fácil conversar, cuál es la más divertida, a cuál probablemente volverá a ver.

Sea honesto en su trato con la gente. Puede que los engañe una vez, pero no dos veces. Por lo general, una conducta y un lenguaje deshonestos son fácilmente detectables. Cumpla lo que dice. Faltar a los acuerdos no sólo daña sus relaciones, sino también su propia dignidad. Ni usted podrá confiar en su propia palabra.

Muchas veces uno trata de buscar defectos y errores en los demás, y por supuesto siempre encontramos algunos, porque nadie es perfecto. Entonces decimos: "¡ajá! yo sabía que me iba a decepcionar". Recuerde, la mayoría de la gente quiere hacer lo que es correcto. En lugar de desperdiciar energía buscando errores, fíjese en las cosas buenas que hacen los demás.

La amabilidad no es sólo para los amigos, sino también para la camarera que le sirve el café, para el hombre que le corta el cabello, para la persona que se sienta a su lado en el bus, y cualquier persona que pase por su vida. Los que tratan cada relación como algo valioso probablemente reaccionarán a la mayoría de los consejos de esta sección con un "¡por supuesto!, ¡eso es cuestión de puro sentido común!". Saber tratar a otros con respeto y estar dispuesto a hacerlo, es la mitad de la batalla para una vida exitosa, ya sea en los Estados Unidos o en cualquier parte.

■ Pregunta:
1. ¿Podría nombrar algunos de los fundamentos universales de una buena relación?

■ ■ ■

Cuatro Estilos Sociales

"Cuando el entusiasmo se inspira en la razón, cuando lo domina la precaución y es práctico en su aplicación, refleja confianza, inspira a asociarse y provoca lealtad". -- Coleman Cox

Para comunicarse eficazmente es bueno conocer el marco de referencia, la cultura y la tradición de otras personas. Hay muchos malentendidos porque lo que es aceptable para algunos es inaceptable para otros. Por ejemplo, en Estados Unidos los anfitriones no insisten en ofrecer más comida a sus invitados, no se empeñan en que sigan comiendo. De acuerdo con la tradición lituana, eso es lo que se espera. En Japón, cuando alguien le da su tarjeta de presentación es como si le entregara su fotografía. Debe mirarla atentamente y con respeto antes de guardarla en su bolsillo.

En los Estados Unidos va a encontrar una gran variedad de gente de diversos ambientes culturales. Indudablemente va a pasar cierto tiempo tratando de entenderlos y algunas veces se sentirá confundido. En lingüística existe el término "chunking", que significa aprender las palabras y frases por partes. Es útil hacer eso también con la gente. Divídalos en grupos. Aprenda a conocerlos según su estilo social. Así podrá responder a ellos en forma más adecuada, hasta que los entienda mejor.

Toda persona tiende a adoptar un estilo social particular al tratar con otros, y ese estilo no es fácil de cambiar. Conocer el estilo de otras personas puede ayudarnos a adivinar en cierto modo lo que les gusta y disgusta. Eso nos da una idea de cómo pueden responder a los acontecimientos de sus vidas y nos permite ser más eficaces en el logro de nuestras metas con la gente.

Vamos a describir cuatro tipos de estilos sociales basados en el insigne Wilson Learning System. ¿De cuál estilo son sus amigos? ¿Qué estilo tiene su jefe? ¿Y la persona con quien usted se casó? ¿Y usted?

Los cuatro estilos sociales son: conductor, expresivo, amigable y analítico. Algunas personas tienen una combinación de dos estilos, pero generalmente hay un estilo que predomina y que es también el más notable. Usted percibirá el estilo de una persona desde las primeras oraciones que diga y por la forma en que se comporta.

El estilo conductor valora los resultados y ama tener el control. Al tratar con personas de este tipo es mejor estar preparados, a fin de ser eficientes y no hacerles perder el tiempo. Sea formal y directo, escuche con atención. Ofrézcales opciones y apoye sus conclusiones. Cuando alguien los enfrenta o están bajo estrés, los conductores pueden volverse autocráticos e intransigentes. Si usted mismo es un conductor, puede desarrollar las aptitudes de su tipo prestando más atención a los demás. ¿Qué están diciendo? ¿Qué están sintiendo? ¿Lo que dicen es razonable?

El estilo expresivo valora el reconocimiento y ama ser sociable. Con este tipo de personas es útil ser mentalmente estimulante. Comparta historias, no precipite discusiones, aprecie su sentido del humor. En situaciones de confrontación, los expresivos tienden a contraatacar. Si usted es una persona del estilo expresivo, puede desarrollar las aptitudes de su tipo deteniéndose un momento y fijándose en cómo se sienten los demás. ¿Están aburridos, felices, apurados, cansados, disgustados? ¿Ya dijo suficiente por ahora?

Un estilo amigable valora la atención y se complace en dar apoyo. Este tipo de personas ama el acuerdo y la avenencia. Les gusta desarrollar relaciones y mantenerlas. Muéstre su compromiso personal, comparta sus sentimientos con ellos, no los apremie, tenga paciencia. En una confrontación, los amigables por lo general darán la impresión de ceder. Concordarán con lo que usted dice, pero harán lo contrario. Si usted es un amigable, la forma de desarrollar las aptitudes de su tipo es iniciando las conversaciones y la acción con mayor frecuencia. No espere a que la otra persona lo haga primero.

El estilo analítico valora las cosas específicas y prefiere ser técnico. Al tratar con este tipo de personas es una buena idea proporcionar detalles exactos cada vez que sea posible. Las personas del tipo analítico necesitan ver evidencias y deben tener tiempo para pensar. Pídales consejo, evite ser emotivo, sea siempre organizado. Si alguien los enfrenta, los analíticos tratan de evitar la situación. Encuentran alguna forma de excusarse. Si usted es un analítico, puede desarrollar las aptitudes de su tipo tomando decisiones cuando ya acumuló una cantidad razonable de información. No se quede averiguando más y más detalles sin llegar nunca a una decisión. Eso resulta muy frustrante para otras personas. Llega un momento en que ya tiene suficiente información.

Como ve, el denominador común es que si usted quiere algo de otra persona, probablemente no gane nada con una confrontación. Sin importar cuál sea su estilo social, o el estilo social de la otra persona, es más útil una actitud de sosegada confianza y optimismo. Prepárese, confíe y muestre entusiasmo. Tenga pensadas unas cuantas preguntas inteligentes. Deje que ellos hablen más. Haga que se sientan especiales. Su comprensión y ausencia de censura los sorprenderá y hará que se sientan relajados. Si los comprende, hay una mayor posibilidad de que ellos también lo entiendan y lo acepten.

■ Preguntas:
1. ¿Cuáles son los cuatro estilos sociales básicos?
2. ¿Cuál es el suyo?

■ ■ ■

Cómo se comunican los hombres y las mujeres

Un paréntesis humorístico:
Había una mujer que estaba paseando su perro en el parque.
"¡Qué perrito tan lindo!", comentó Pedro, quien en realidad estaba más interesado en la dama. "¿Tiene árbol genealógico?"
"Ah...,sí", le contestó la dama sonrojándose, "el segundo a la derecha cuando uno entra en el parque".

Ya sea en el trabajo o en el hogar, los hombres y las mujeres se comunican en forma diferente. Por lo general, se trata simplemente de que piensan distinto. Es así en muchas culturas. Esta sección se basa en las investigaciones de Deborah Tannen, especialista en lingüística y experta en estilos de comunicación masculinos y femeninos.

Hablando en términos generales, la mayoría de los hombres basa su comunicación en su criterio de si están en una posición superior o inferior.

Por otro lado, las mujeres basan su comunicación en su criterio de si están acercándose más a su interlocutor o distanciándose más de él. A continuación ofrecemos varios ejemplos.

La mayoría de los hombres tiene dificultades para preguntar una dirección porque sienten que admitir que están perdidos los pondría en una posición de inferioridad. Prefieren seguir conduciendo y dando vueltas hasta que encuentran el sitio adonde iban, o le piden a la mujer que pregunte la dirección. A las mujeres les parece fácil preguntar direcciones. No lo ven como una cuestión de inferioridad o superioridad, y puede que se sientan molestas porque los hombres no se hacen cargo y obtienen la dirección por ellos mismos. Con frecuencia es así como comienza la confusión y las desavenencias en las relaciones. Una de las partes no entiende los motivos del otro.

Otro ejemplo: digamos que una esposa llega a casa después de un día difícil en el trabajo y comienza a contarle el mal rato a su esposo. Quiere aproximarse más a él. Simplemente quiere que la escuche, quiere que la acompañe. El esposo, en cambio, empieza a darle consejos diciendo cómo habría manejado él el problema: es su oportunidad de ayudar, de estar en posición superior. Bueno, pero lo último que la esposa quiere es consejos, porque eso la distancia aún más de él. Ella no resolvería el problema como lo haría él, y ahora siente que son diferentes. Él se molesta porque ella no escucha sus consejos y lo pone en una situación de inferioridad. Ella se molesta porque él no está más cerca de ella. Esta es una desavenencia más.

Si la historia fuera al revés, si el esposo fuese el que tuvo el mal día, también habría problemas. Llegaría a su casa y le costaría admitir que tuvo un mal día, sobre todo si el de su esposa fue un buen día, ya que eso lo pondría en posición inferior. La esposa, sintiendo que algo anda mal, comenzaría a hacerle preguntas y a mostrar su preocupación, en un intento de acercarse a él. Bueno, eso sólo hará que él se sienta más inferior. Es posible que diga que lo deje en paz. De esto puede surgir una discusión sin que haya ningún motivo valedero.

En el trabajo los malentendidos pueden ocurrir por la forma en que hombres y mujeres se perciben unos a otros. Como las mujeres se comunican para acercarse, buscan más comprender que ser comprendidas. Tienden a hacer más preguntas, buscan aclaraciones y disfrutan una conversación trivial. Los hombres pueden percibirlas erróneamente como curiosas y débiles.

Los hombres, como hemos visto, tienen diferentes metas en la comunicación. Como quieren estar en una posición de superioridad, buscan más el ser comprendidos. Prefieren exponer sus opiniones, interrumpen a los demás, dan instrucciones, y disfrutan de una discusión competitiva. Las mujeres pueden percibirlos erróneamente como excesivamente agresivos e insensibles.

Tal como ocurre con la comprensión intercultural, conocer las diferencias básicas de los estilos de comunicación masculino y femenino puede ser una ayuda para las parejas en el hogar y los colegas en el trabajo. No sirve de nada tratar de cambiar al otro. Reconociendo las diferencias, las percepciones pueden ser más realistas y pueden evitarse muchos malentendidos. Mientras más nos comprendemos, mejor trabajamos juntos, mejor vivimos juntos, y más disfrutamos la compañía mutua.

- Preguntas:
    1. ¿Cuáles son las diferencias básicas entre los estilos de comunicación de los hombres y las mujeres?
    2. ¿En qué se parecen estos a los estilos de comunicación de su país?

■ ■ ■

Es Difícil Ocultar Nuestros Sentimientos

"Todo lo que no aceptamos en la vida nos causará problemas hasta que hagamos las paces con ello".

-- Shakti Gawain

Cada vez que hacemos algo, le comunicamos a los demás lo que sentimos. No podemos ocultarlo. Nuestros sentimientos siempre nos delatan. Consideremos la siguiente historia. Había una vez un hombre que se encargaba de entrenar grupos en una organización grande. Un invierno, el hombre tuvo un accidente automovilístico y perdió un brazo. Se le hizo sumamente difícil enfrentar su pérdida. Durante los tres años siguientes entrenó treinta grupos. Ni una sola persona de esos grupos le preguntó sobre su brazo en esos tres años.

Entonces, gracias a cierta ayuda profesional, el hombre llegó a una decisión personal y finalmente aceptó la pérdida de su brazo. Decidió que a pesar de su desgracia la vida era buena y que él tenía mucho que ofrecerle a los demás. En los tres años siguientes entrenó treinta grupos más y nunca faltó alguien que le preguntara sobre su brazo. En alguna forma inconsciente, antes de aceptar su suerte, este hombre había estado enviando un mensaje a través de su conducta: "no me pregunten por mi brazo, me avergüenza, no es problema suyo". Cuando hizo las paces consigo mismo se volvió accesible y amigable.

Otro ejemplo de un sentimiento difícil de ocultar es el que muestran las personas que se sienten superiores. ¿Verdad que es evidente? Puede que sea algo en su voz, sus gestos, su postura, su lenguaje. Lo mismo ocurre cuando uno se siente inferior, disgustado, envidioso o experimenta cualquier otra emoción fuerte. Los sentimientos se asoman como las setas después del temporal. Es inútil tratar de ocultarlos.

Tal vez algunas personas digan "bueno, yo quiero que la gente sepa que soy más listo y mejor que ellos". Eso no es lógico, y además es totalmente suicida. Para obtener el mejor resultado en cualquier situación, es mejor no parecer mejor que los demás. Puede que usted sea más educado, que tenga más dinero, que sea más popular: no importa. Los demás tratarán de proteger sus propios sentimientos y no lo verán así, sino como arrogante, fastidioso y vanidoso. Ése no es un buen comienzo para ninguna relación. Recuerde que siempre es mejor que lo perciban como agradable, cordial y amistoso.

Ya que es tan difícil ocultar lo que uno realmente siente, ni siquiera haga el intento. Más fácil es cambiar lo que se siente. La forma más fácil y eficaz de cambiar lo que siente es encontrando algo que le agrade en la otra persona. Fíjese que no le estoy recomendando que <u>finja</u> que le gusta alguien. Si observa con cuidado, siempre va a encontrar algo que le agrade en los demás. Pretender que le gusta alguien iría en contra de su integridad, además cualquiera se daría cuenta.

Tenga en mente que el 90% de una comunicación eficaz proviene de la forma en que uno se comunica, y apenas el 10% de lo que uno dice. Por ejemplo, si se siente cohibido por su acento, parecerá menos seguro de sí mismo y su acento se volverá aún más evidente. Hable con su acento, cometa errores, pero hable con confianza.

■ Preguntas:
1. ¿Cómo afectan los sentimientos a nuestra conducta?
2. ¿Cómo podemos controlar nuestros sentimientos para obtener los mejores resultados en la comunicación?

■ ■ ■

Cómo hacer que reciban su mensaje

"Las palabras carecen de sentido si las pronuncias a la ligera… nadie te entenderá si tienes miedo de decir lo que quieres…"-- Canción, Foje.

Como ha visto, estilos sociales diferentes y sexos diferentes requieren estrategias comunicativas diferentes. Bueno, ¿qué pasa entonces cuando llega el momento en que quiere decir algo específico? Tal vez necesite establecer un contacto, plantear su posición, describir su idea o producto, vender algo o simplemente comunicarse eficazmente en una situación social.

La clave para una comunicación eficaz, cuando su mensaje debe ser oído y entendido, es la siguiente: cuando llegue el momento de decir algo específico, hágalo en forma directa, clara y en menos de 30 segundos (Frank O. Milo, 1986). Eso es poco tiempo, pero si se extiende en lo que está diciendo dándole vueltas al punto principal, el oyente puede perder el mensaje crucial. Los inmigrantes que pertenecen a culturas que ponen énfasis en la conversación sutil e indirecta y en las descripciones interminables: por favor, lean esta sección tres veces.

Vivimos en un mundo de "segmentos de sonidos". Recordamos pedazos y fragmentos de lo que oímos. Resumimos las cosas en una frase. Los que hacen comerciales de radio y televisión están conscientes del corto lapso de atención de las personas, y por eso tratan de crear impresiones con unas pocas palabras bien pensadas.

¡Se pierde tanta comunicación cuando las personas no son rápidas y directas! Así que, aún si dispone de 10 minutos, 30 minutos o 2 horas, exponga su idea principal en menos de 30 segundos. Y no olvide que a la gente que habla menos la escuchan más. ¿A qué le presta más atención, al constante ticktack del reloj o al timbre del teléfono?

■ Preguntas:
1. ¿Por qué es importante ir al grano?
2. ¿Está acostumbrado a hablar en forma directa y clara?

■ ■ ■

El Amigo de un Amigo

"Nada es imposible para la persona que no tiene que hacer las cosas por sí mismo". -- A. H. Weiler

A través de la vida se conoce a muchas personas. Nunca se sabe lo importantes que esas personas pueden llegar a ser para uno. Contando a los parientes, los colegas de trabajo, los amigos y los amigos de los amigos, cada uno de nosotros crea una red de 250 a 1.000 conocidos. Si usted da una mala impresión o rompe una relación en forma negativa, no perderá solamente a una persona, sino a muchas.

Es muy difícil encontrar el éxito sin alguna ayuda de otras personas. El problema está en que uno nunca sabe cuál de las personas que conoce le va a ayudar concretamente en su camino al éxito. La mejor política es conocer tantas personas como sea posible. No todos tienen que llegar a ser buenos amigos suyos. Basta que sean conocidos y que tengan una buena impresión de usted.

Yo trabajaba con un hombre al que llamaría el rey de las redes sociales. ¡Conoce a tanta gente! Cada año envía cientos de tarjetas de Navidad y de cumpleaños. Puede viajar prácticamente a cualquier lugar de los Estados Unidos y siempre tendrá un lugar donde pasar la noche gratuitamente. Sabe cómo comprar las mejores cosas al mejor precio, porque sabe a quién llamar. Nunca le faltará un empleo. Nunca le faltará un amigo.

Construya una red de contactos en los Estados Unidos. No descarte a nadie a la ligera. Nunca se sabe adónde puede llegar una relación determinada. Sin embargo, tenga siempre en mente el refrán popular: "Dime con quién andas y te diré quién eres". Conozca a muchas personas, pero escoja con cuidado a sus amigos.

- Preguntas:
1. ¿Tiene un plan para formar una red de conocidos?
2. ¿Dónde podría conocer más gente y cómo se mantendría en contacto con ellos?

■ ■ ■

Manejo de Conflictos

"Si dos amigos le piden que actúe como juez en una disputa, no acepte, porque perderá un amigo; por otro lado, si dos extraños vienen con la misma petición, acepte, porque ganará un amigo". -- San Agustín

Siempre que dos personas pasan juntas algún tiempo, tarde o temprano sobreviene un conflicto. En el fondo, manejar un conflicto es saber manejar sus palabras adecuadamente. Las palabras pueden ser tan suaves como pétalos de rosa o tan mortales como cuchillos. Las palabras que usted elige utilizar determinarán si va a manejar el conflicto efectivamente y si, por ende, va a mantener las relaciones. ¿Para qué le sirve hacer amistades si no las puede conservar?

En cualquier interacción con otra persona, usted tiene un propósito y la otra persona también tiene el suyo. La forma en que cada uno responde a los propósitos del otro determinará que la interacción sea plácida o conflictiva. Algunas personas internalizan sus sentimientos de enojo si alguien las irrita, en cambio otras se vuelven ofensivas y tratan de lastimar. Eso provoca el fin de muchas relaciones. Las personas que rechazan otros puntos de vista, que se rehusan a cambiar sus propósitos, que son inflexibles, probablemente sean ineptos como comunicadores y como amigos.

Si usted desea tener amistades buenas y permanentes, practique hablando honestamente de sus sentimientos sin atacar la dignidad de la otra persona. No tiene que estar siempre de acuerdo con los demás o ceder; pero es muy beneficioso ser siempre justo, cortés y amable. No piense que para ganar algo es necesario que se dé por vencido. Piense que ambos pueden ganar, y así encontrará un arreglo.

■ Preguntas:
1. ¿Cómo acostumbra resolver los conflictos?
2. ¿Podría hacerlo mejor?

EDUCACIÓN

Aprender durante la vida entera

Cada día aprendo más de lo que enseño... Aprendo que uno obtiene lo que espera... Aprendo que en este mundo hay más bien que mal... Aprendo cuánto hay que aprender..." -- Virginia Church

La educación siempre va a ser la principal prioridad en los Estados Unidos. El proponerse a aprender durante toda la vida es un buen hábito para lograr el éxito. Debemos invertir en nosotros mismos y desarrollar nuestras aptitudes sin importar la edad, los antecedentes o el país de origen.

Detecte cuáles son sus puntos fuertes y sus puntos débiles mientras se esfuerza para lograr sus metas en los Estados Unidos. Tome una hoja de papel y haga dos listas. Los puntos débiles que interfieran en sus propósitos debe superarlos mediante la experiencia y el aprendizaje. Sin embargo, nunca hay tiempo suficiente para aprenderlo todo. <u>Invierta su tiempo, dinero y energía en aprender las cosas que necesita para alcanzar sus metas</u>.

Triunfar siempre será una cuestión de conocimientos y esfuerzo. Es como cultivar un jardín: hay que tener un plan, preparar la tierra, plantar las semillas, regarlas regularmente, protegerlas de los insectos y arrancar las malas hierbas. Es algo que no se consigue de la noche a la mañana, y a veces no resulta, pero por lo general uno recoge lo que siembra.

Voy a ilustrar la forma en que el aprendizaje influye en nuestra vida, fortaleciendo nuestra mente. ¿Recuerdan el cuento de los tres cochinitos? Bueno: el que construye su mente con paja se derrumbará a la menor presión. Aquél cuya mente esta hecha con madera tiene la suficiente fortaleza mental para soportar una buena cantidad de presión, adversidad e incertidumbre. El que fabrica su mente con ladrillos tiene el conocimiento, la experiencia, la orientación y la determinación suficientes para enfrentar la mayoría de los desafíos de la vida. (Yo creo que estoy en la etapa de madera. ¿Dónde está usted?).

En esta tierra de oportunidades, deje que la educación aumente su curiosidad y ensanche sus horizontes para incluir gente nueva, ideas nuevas y nuevas posibilidades.

■ Preguntas:
1. ¿Cuáles son sus puntos fuertes y sus puntos débiles?
2. ¿Qué necesita aprender para alcanzar sus metas en los Estados Unidos?

■ ■ ■

Inglés, inglés, inglés

"La única cosa que necesitan los recién llegados es tener un buen inglés. Claro que la gente necesita algo para comer y un lugar donde quedarse, pero sin inglés no serán capaces de alcanzar el sueño americano". Éstas son palabras de Leonid A. Shraybman, un joven ucraniano que llegó a Baltimore para reunirse con su familia. Leonid demostró que tenía buen inglés y sólidos conocimientos de computación; con esas credenciales pudo encontrar trabajo y sigue con sus estudios. Actualmente espera convertirse en ciudadano estadounidense.

Para obtener la ciudadanía, tendrá que demostrar dominio del inglés. Tendrá que aprender a leer inglés, a escribir en inglés, y aprobar un examen sobre historia de los Estados Unidos. No trate de buscar atajos. Los inmigrantes que minimizan el aprendizaje de inglés, minimizan también su calidad de vida en los Estados Unidos. Un estudio sobre refugiados provenientes de Asia Sudoriental demostró que los que hablaban inglés con fluidez estaban ganando casi tres veces más que los que no lo hacían (Reader´s Digest, 1996). Sin duda eso es válido para los que vienen de cualquier parte del mundo.

Algunas veces los recién llegados sólo quieren aprender un inglés suficiente para "arreglárselas" y para sobrevivir. No pretenden vivir en los Estados Unidos para siempre. Toman clases de inglés por unos meses, aprenden unas cuantas oraciones, consiguen un trabajo y dejan de estudiar. Aún si usted decide regresar a su país, ¿por qué no convierte el aprendizaje de inglés en una de sus prioridades diarias mientras está aquí? Si lo aprende bien, ¿no le sería útil cuando decida regresar? ¿Por qué no aprender a hablar, leer y escribir el idioma más usado en el mundo?

El año en que llegamos a Estados Unidos, mi hermana y yo cursamos el quinto grado en una escuela bilingüe de Chicago. Allí las clases se dictaban en inglés y en lituano. Fue una buena etapa de transición en nuestro primer año en América. Sin embargo, al año siguiente, cuando nos cambiamos a vivir a Virginia, asistimos a una escuela estadounidense normal. Fue más estresante, pero aprendimos inglés más rápido. Decida lo que sea mejor para usted y para sus hijos durante el primer año o los dos primeros, pero después de eso sumérjase y sumerja a sus hijos en un inglés total.

Una excelente manera de aprender inglés es asistir a clases. Inscríbase en un curso de English to Speakers of Other Languages (Inglés como lengua extranjera -- ESOL o ESL) y complete el curso. En todo el territorio de los Estados Unidos tiene a su disposición clases de ese tipo, tanto en las ciudades como en los suburbios. Cada mañana al desayunar escoja una nueva palabra del diccionario y apréndala junto con su familia. Hable en inglés consigo mismo mientras está haciendo cosas en su hogar. Vea programas educativos en televisión. Oiga la National Public Radio. (llega a cualquier lugar de los Estados Unidos. Escuche especialmente el programa de Diane Rehm, de lunes a viernes de 10 a 12 de la mañana y nuevamente a las 9 de la noche, tiempo del Este. No sólo es un programa informativo, sino que además ella usa palabras articuladas muy pausadamente). Oiga clases de inglés grabadas. Repita en voz alta. Lleve consigo su diccionario. No pierda ninguna oportunidad de buscar una palabra nueva o de comunicarse en inglés con un potencial amigo nuevo.

■ Preguntas:
1. ¿Cuántas horas dedica diariamente a estudiar o hablar inglés?
2. ¿Qué más puede hacer para aprender más rápidamente un inglés correcto?

■ ■ ■

La tierra de las computadoras

Mientras trata de aprender tanto cuanto le sea posible, recuerde que en los Estados Unidos se obtienen más beneficios del intercambio de datos, información y conocimiento que de la producción de bienes (Robert B. Reich, 1992). En todo el mundo ese intercambio de conocimientos se realiza por lo general a través de computadoras. No importa que edad tenga, es preciso que se familiarice con ellas. Va a necesitar una computadora para aprender, para trabajar, para sus niños, para competir.

Si ya sabe mucho sobre computadoras, felicitaciones. ¡Es una destreza tan valiosa! Si no sabe usar una computadora, no se desanime. Cada vez se consiguen computadoras poderosas más baratas y más fáciles de usar. Hay mucha gente que sabe cómo usarlas. Seguramente encontrará a alguien que le ayude a empezar. Si no, hay muchas clases de computación a su disposición. Los community colleges (colegios universitarios de dos años, mantenidos en parte por la comunidad a la que sirven) ofrecen una amplia variedad. Vaya a buscar un catálogo de cursos en la biblioteca local.

♦ Internet

Si usted es nuevo en el mundo de las computadoras, es posible que lo desconcierten palabras como "Internet", "information superhighway" (autopista de la información), "net surfing" (navegar por la "red"), "World Wide Web" (la "red") y muchas otras. Nuevamente, no se desanime; y, sobre todo, no las descarte.

¿Qué es Internet y por qué la necesita? Hace apenas unos años la gente preguntaba qué era un fax y para qué hacía falta. ¿No es gracioso? Sin meternos en un lenguaje demasiado técnico, Internet es una red mundial de computadores. Imagínese miles y miles de computadoras conectadas de alguna forma. Frente a cada una de ellas hay un ser humano. Suscribirse a Internet es como entrar a un club que tiene miles de miembros. Puede comunicarse con ellos escribiendo cartas llamadas e-mail (correo electrónico) en su computador. Los mensajes por e-mail son rápidos, eficientes y, lo mejor de todo, gratuitos. Oprimiendo un botón puede enviar su mensaje a una persona o a miles.

Los usuarios de Internet tienen personalidades, informaciones, ideas y experiencias diversas. Son organismos gubernamentales, corporaciones, pequeñas empresas, instituciones educativas y personas comunes como usted y yo. Los anuncios en Internet pueden ser para decir algo, para ofrecer una vacante de empleo, para informar, para prevenir, o cualquier otra finalidad. Nadie está a cargo de Internet o de la calidad de su información. Así como cualquiera puede enviar información buena o mala a través de un fax, igualmente puede hacerlo por Internet. Usted tiene que ser el juez.

Como recién llegado, probablemente usará Internet para buscar información y para comunicarse con otras personas, quizás con paisanos suyos. Si tiene un pasatiempo particular, habrá personas con intereses similares a las que les encantaría comunicarse con usted. Puede usar Internet para aprender más sobre los Estados Unidos, sobre las variantes políticas de inmigración, sobre empleos disponibles, sobre los procedimientos para ingresar al college, sobre viajes, sobre cualquier cosa que afecte su vida.

Si tiene su propio computador o tiene acceso a uno a través de un familiar o de un amigo, piense en suscribirse a un servicio *online* (en línea). Vaya a la biblioteca y hojee las revistas especializadas para comparar los diferentes proveedores de estos servicios. Antes de comenzar a hacer llamadas, pregunte cuál es el código telefónico local, para asegurarse de que no se trata de una llamada de larga distancia.

Una de las formas menos costosas de suscribirse a Internet es a través de su biblioteca local. De esa forma el acceso ilimitado a Internet durante un año puede costarle entre 50 y 100 dólares. Puede ser que encuentre más avisos de "línea ocupada" que usando un servicio comercial. En algunas bibliotecas tendrá que usar su propio computador y llamar al sistema de la biblioteca para conectarse. En otras bibliotecas las computadoras están disponibles específicamente para Internet y puede usarlas el público en general. Vaya y vea. Sea cual sea el servicio que elija, asegúrese de que le da acceso ilimitado por una cuota mensual. Algunos servicios cobran una cuota mensual y una tarifa por hora.

Este libro le facilita el inicio en Internet. Use las direcciones "http" que aparecen en la sección "Mirando en Internet", en el apéndice, para averiguar información adicional, para encontrar ayuda, para revisar lo que hay disponible sobre cualquier tema. Si está usando un computador en la escuela o en el trabajo, probablemente habrá alguien que pueda ayudarlo a ingresar sus datos para conectarse por primera vez y a escribir su primera dirección de búsqueda. De allí en adelante, usted puede deducir las cosas por sí mismo. Si todavía se siente inseguro, piense en tomar algunas clases de entrenamiento en el uso de Internet. Las ofrecen muchos centros de educación superior (community colleges), centros de enseñanza de computación, proveedores de servicios de Internet y muchas organizaciones privadas. Para sugerencias en cuanto a los equipos y programas que hacen posible el acceso a Internet, vea la sección titulada "Compras Mayores".

■ Preguntas:
1. ¿Qué información buscaría en Internet?
2. ¿Qué tan confiado se siente al operar una computadora?

Educación superior

Un paréntesis humorístico:
"El sonido realmente viaja más lento que la luz. Los consejos que dan los padres a sus hijos de 18 años sólo les llegan cuando andan por los 40".

- Current Comedy, Orben

♦ Ingresar al college

Antes de apresurarse a entrar en un college, reflexione sobre sus metas. El college tal vez no sea la respuesta para todos. También hay otros caminos que puede tomar. Existen vocational schools (escuelas vocacionales) que proporcionan entrenamiento en muchos campos, por ejemplo; en el campo médico, en fisioterapia; en el campo comercial, en contabilidad, en el campo técnico, en programación de computadores. Las escuelas de este tipo ofrecen clases diurnas o nocturnas, resultan menos costosas que un college de 4 años, y es más fácil entrar en ellas. Además, lo ayudan a conseguir empleo después de graduarse.

Los community colleges ofrecen programas de dos años. Muchos son excelentes opciones para los estudiantes. Algunos alumnos obtienen un título denominado Associate of Arts (AA) en dos años, y luego van a un college de cuatro años para obtener un Bachelor of Arts (BA) o un Bachelor of Science (BS). Muchos de los créditos son transferibles. Los community colleges son menos costosos y seguramente podrá encontrar uno cerca de su casa. Además, las posibilidades de que sea un profesor auxiliar el que dicte la clase se reducen, esto es más común en los colleges con carreras de cuatro años.

Los colleges toman en cuenta varias áreas de desempeño del estudiante antes de aceptarlo. Revisan los resultados que obtuvo en el Scholastic Assesment Test (SAT, prueba de aptitud académica), sus calificaciones en la secundaria, el lugar que ocupó en su promoción y las actividades en que participó durante sus estudios secundarios (llamadas actividades extracurriculares). Si el inglés no es su lengua nativa, tendrá que presentar también el examen de inglés denominado Test of English as a Foreign Language (TOEFL). Probablemente tendrá que mandar a traducir al inglés los títulos universitarios y otros grados académicos que obtuvo en su país. Para mayor información llame a World Education Services, Inc., teléfono: 1-212-966-6311.

Cada año un millón de estudiantes de secundaria presenta el SAT, el examen de admisión universitaria más utilizado. En este examen se comprueban las destrezas matemáticas, verbales y de razonamiento. Mientras mejor sea su nota, mayor será también la variedad de colleges para elegir. Existen clases de preparación para el SAT, pero son costosas (entre 500 y 700 dólares por 36 horas). Entre las compañías que ofrecen estas clases las más populares son: Princeton Review, Sylvan Learning Centers y Kaplan Educational Centers, Inc. Es posible que los colegios secundarias y los community colleges ofrezcan cursos similares por un precio menor. La nota promedio del SAT en destrezas matemáticas y verbales combinadas está alrededor de 900 puntos (de un posible 1.600). Para ingresar a ciertos colleges necesitará un promedio mucho más alto. Si puede demostrar que obtuvo un puntaje alto en el SAT, que ha estado involucrado en ciertas actividades interesantes y que recibió buenas calificaciones durante la secundaria, no debería tener dificultades para entrar al college de su preferencia. Lo único que resta es el proceso de solicitud de admisión. La mayoría de las planillas de solicitud contienen preguntas tipo y le piden que escriba un ensayo (por ejemplo, algunos párrafos sobre algún logro particular).

Para enterarse de cómo los Estados Unidos clasifica cuáles son sus mejores colleges y universidades, vaya a la biblioteca y busque el número de *U.S. News & World Report* donde aparece la clasificación. Se trata de una revista muy acreditada, y evalúa los colleges cada año tomando en cuenta su tamaño, ubicación geográfica, punto focal educativo, reputación, la experiencia y preparación del profesorado y el grado de satisfacción del estudiantado.

Usted será la persona más indicada para juzgar cuál es el mejor college para usted. Si comienza a buscar temprano, en su tercer año de secundaria, tendrá tiempo para visitar los colleges que le interesan. Telefonee al admissions officer (la persona encargada de las admisiones) para enterarse de lo que podrá ver durante su visita. A veces incluso pueden hacerse arreglos para pasar una noche en la residencia estudiantil, y probar cómo es la vida en el college.

♦ Pagando el college

Entrar al college puede ser un reto. Pagar el college puede ser brutal. La mayoría lo paga usando una combinación de sus ahorros, subvenciones y préstamos. Mientras más pronto comience a ahorrar para el college, mejor. Tal como se comenta en la sección denominada "Dinero", puede ahorrar para el college aplicando algunos principios básicos de inversión: comenzar temprano, invertir una cantidad fija cada mes, prometerse solemnemente que nunca va a tocar ese dinero hasta que llegue el momento del college.

Por lo general los colleges privados son los más costosos. Sumando la matrícula, el hospedaje, las comidas, los libros y los diversos gastos, podría costar alrededor de 20.000 dólares al año. No deje de solicitar su admisión en los mejores colleges por falta de dinero. Los colleges privados ofrecen muchas becas y descuentos. Si ellos quieren que usted forme parte de su estudiantado, le harán una oferta atractiva. Muéstreles lo que le están ofreciendo otros colleges y negocie para obtener más (en el Apéndice encontrará una lista de buenos colleges a precios razonables).

Las universidades públicas resultan menos costosas, alrededor de 10.000 dólares al año. Muchas universidades públicas proporcionan una educación de calidad, por el mejor precio, si usted reside en el estado respectivo. Por lo general, para que lo consideren un residente tendrá que demostrar que ha vivido en ese estado por lo menos un año antes del inicio de su primer semestre. Generalmente las universidades públicas otorgan ayuda financiera a estudiantes de su propio estado.

Sea cual sea la opción que elija, va a ser costosa. Muchas personas solicitan ayuda financiera. El gobierno nacional financia el Pell Grant y el Supplemental Education Opportunity Grant (SEOG). El dinero que facilitan esas organizaciones no tiene que ser reembolsado. En gran parte está disponible y se otorga según las necesidades de la familia. También se pueden obtener créditos educativos, pero hay que reembolsarlos con intereses. La Federal Perkins Loan tiene la tasa de interés más baja (alrededor del 15%). La mayoría de los créditos educativos no exigen que usted reembolse el préstamo sino hasta después de graduado. También existen programas de estudio y trabajo. Para ver los programas que se ofrecen, puede contactar la Financial Aid Administrator´s Office (departamento de ayuda financiera) de los colleges que esté considerando. También su escuela secundaria puede brindarle información. Revísela durante su último año de secundaria. Las bibliotecas también tienen publicaciones sobre todo tipo de ayuda financiera.

Cada año de college tendrá que volver a hacer la solicitud de ayuda financiera. Dos cosas importantes: llene los formularios necesarios con toda la información requerida y entréguelos temprano. Marque en su calendario todas las fechas tope para la recepción de solicitudes. Guarde en una carpeta todas las solicitudes y la información relacionada. Haga copias de todo lo que va a entregar: los papeles pueden perderse. Su escuela secundaria debe proporcionarle un formulario de solicitud de ayuda financiera llamado Free Application for Federal Student Aid (FAFSA). Si no, puede hacer que se lo envíen llamando al 1-800-4-FED-AID (1-800-433-3243) (si obtiene la ayuda en el primer año, en los años siguientes tendrá que entregar un formulario más breve, el Renewal FAFSA). Envíe el FAFSA, nítido, completo y firmado a la dirección que aparece en el formulario, el 1° de enero (o después) del año en que tiene planeado entrar al college.

Aproximadamente un mes después recibirá un informe llamado Student Aid Report (SAR). El SAR le indicará cuánto se espera que su familia aporte para sus gastos del college. Haga copias del SAR y envíelas por correo a los colleges que eligió. Los colleges que lo acepten le enviarán una carta diciendo que están dispuestos a otorgarle la ayuda financiera. En esa carta especificarán lo que cada uno planea darle. Eso no quiere decir que la cantidad indicada bajo cada categoría de préstamo es algo que usted va a recibir automáticamente. Tendrá que solicitarlas por separado. Llame al SallieMae´s College Answer Service, 1-800-222-7183. Ellos pueden darle más información sobre programas de ayuda financiera y sobre el proceso de solicitud.

En mi primer año de college la ayuda financiera que obtuve fue muy poca, ya que tomaron en cuenta el ingreso de mis padres. Después que empecé a trabajar por horas y me cambié de casa, mis padres no me pusieron más como persona a su cargo en la declaración de impuestos. En los años siguientes pude obtener una ayuda financiera mucho mayor, ya que sólo tomaban en cuenta mis ingresos.

Sin embargo, si usted piensa seguir viviendo con sus padres, es mejor que tenga la mayor parte de sus ahorros y cuentas de inversión a nombre de ellos. Los funcionarios que deciden la ayuda financiera consideran que alrededor del 5% de los ahorros de sus padres debe ser para contribuir a sus gastos del college. Si el dinero está a su nombre, esperan que sea entre el 35 y el 50%. Esas son las cantidades que ellos restan antes de declararlo calificado para recibir ayuda financiera. Nota: si quiere ayuda financiera, es necesario que las declaraciones de impuestos desde diciembre del tercer año de secundaria hasta enero del último año luzcan lo más pobre posible. Eso quiere decir que durante ese período no debe cobrar en efectivo planes de pensión, fondos mutualistas IRA, vender acciones, etc. Todo eso aparecería como efectivo extra, cosa que no le conviene.

Es posible que los estudiantes con habilidades deportivas puedan entrar en una buena universidad y encontrar ayuda financiera con mayor facilidad. Las becas de deportes se están volviendo especialmente accesibles para las mujeres. La universidad Notre Dame, por ejemplo, otorga 22.600 dólares, que cubren matrícula, alojamiento y comida (gastos de mantenimiento), para jugadoras de volley ball (Reader´s Digest, 1996). Existen fondos de becas disponibles para casi cualquier deporte. Algunas universidades tratan además de atraer talentos en música, teatro y arte. Si tiene cualquier habilidad o talento, vea si existe alguna beca para eso.

También puede pensar en presentar una solicitud a la organización AmeriCorps. Esta institución ofrece más de 350 programas a nivel nacional y trabaja en forma muy parecida a los Cuerpos de Paz. Los que son aceptados en uno de sus programas, digamos el programa "Hábitat para la

Humanidad", reciben créditos educativos que podrían usar para futuros costos de matrícula. Además puede que reciban algún pago, pólizas de salud y otros beneficios. Llame al teléfono 1-800-942-2677 de AmeriCorps para recibir mayor información y un formulario de solicitud. Todos los ciudadanos estadounidenses y los residentes permanentes, mayores de 17 años, tienen derecho a presentar una solicitud.

♦ **Nota para los padres**

Probablemente la educación de sus hijos tiene la máxima prioridad para usted. Tal vez fue una de las principales razones de su venida a los Estados Unidos. Sin embargo, recuerde siempre que su primera prioridad debe ser ahorrar dinero para su retiro. Una vez que tenga un plan mensual de ahorros para su retiro, ocúpese de los ahorros para los gastos del college de sus hijos. No use el dinero del retiro para pagar el college. Muchos padres cometen ese error.

Si tiene su propio negocio, como es el caso de muchos estadounidenses de origen extranjero, una forma excelente de reunir dinero para gastos del college es contratando a sus propios hijos. A diferencia de los empleados corrientes, puede contratar a sus hijos a cualquier edad. Puede asignarles algunos deberes de tiempo parcial como llenar sobres, repartir volantes de propaganda, hacer diligencias, limpiar, etc. Luego puede invertir esas ganancias bajo sus nombres en una *Individual Retirement Account* (IRA), es decir, fondos mutualistas que cuentan con un diferimiento del pago de impuestos. Los fondos IRAs sólo pueden alimentarse con ingresos provenientes del trabajo.

Mientras más pronto su hija o hijo comience a ganar dinero y a invertirlo, mayor será el interés compuesto. Los funcionarios encargados de la ayuda financiera en los colleges no toman en cuenta el dinero en IRAs, así que ese dinero no va a perjudicar sus posibilidades de calificar para recibir ayuda. Si para el momento en que ellos hacen la solicitud la ayuda financiera es escasa, siempre tendrán a su disposición el IRA. Con la nueva cuenta Roth IRA, usted puede retirar dinero para gastos de educación superior acreditada sin tener que pagar una multa. Y si sus hijos no necesitan retirar el dinero hasta que se jubilen, estarán en mejor posición financiera que la mayoría de los retirados de los Estados Unidos. Vea la sección "Dinero" para mayores detalles sobre IRAs.

♦ Saque el máximo provecho de sus años de college

"La educación del college debe equiparlo a uno para pensar en tres cosas: un amigo, una idea y en uno mismo". -- Thomas Ehrlich

Si se ocupa de eso, el college podría prepararlo para una carrera idónea. Lamentablemente, muchos estudiantes, tanto extranjeros como estadounidenses, están demasiado inmersos en las cuestiones académicas o en la vida social para reflexionar realmente sobre cuál podría ser una carrera adecuada para ellos. Así que lo que significa realmente "ocuparse de eso" es sacarle el mayor partido posible a lo que ofrece el college.

Para llegar a ser un candidato atractivo para muchos empleos no son tan importantes las calificaciones obtenidas en el college, como lo que aprendió realmente, las prácticas que hizo, los clubes en que participó, los trabajos que tuvo y otras actividades extracurriculares que pueda enseñar. A menos que esté interesado en un campo altamente especializado, como por ejemplo medicina, obtener buenas calificaciones y nada más, no será suficiente en este mercado tan competitivo. La mayoría de las compañías prefiere ver un promedio de 3.0 y una elevada participación en otras actividades, que un promedio de 3.9 sin ninguna actividad adicional. Sin embargo, como ya se mencionó, las calificaciones de la secundaria y buenas puntuaciones en el SAT son importantes para entrar en un buen college, y ayudan a obtener ayuda financiera. Así pues, preocúpese más por las calificaciones de la secundaria que por las del college.

El mundo laboral está cambiando rápidamente. Si uno piensa que podría estudiar para llegar a ser ingeniero, conseguir trabajo como ingeniero y retirarse todavía como ingeniero, no está siendo realista. En el mercado de trabajo actual, la mayoría de las personas trabaja en 5 a 10 trabajos diferentes antes de jubilarse. Por lo tanto, elegir un *major* (una asignatura principal o de especialización) no es como elegir a la persona con quien se va a casar. No tiene que pasar toda su vida con su elección. La mayoría no lo hace. Especialícese en lo que más desee aprender y añada clases que le enseñen cuestiones básicas como, por ejemplo, hacer presentaciones, escribir cartas comerciales, usar un computador. No se preocupe si salta del Club de Arte al Club de Ciencias, y después los abandona a ambos por el levantamiento de pesas. Para eso es el college. Preocúpese si no hay ninguna acción: si lo único que hace es estudiar todo el día y ver televisión toda la noche.

El propósito de ir al college es descubrir qué es lo que a usted le gusta hacer. Mucha gente no se fija en eso. Si se gradúa sin saber qué trabajo le gustaría hacer, puede terminar haciendo algo que odia. ¿No es cierto que la mayoría de las personas que usted considera triunfadoras disfruta realmente con su trabajo?

En algunos países se supone que los padres recomienden a sus hijos lo que van a elegir como trabajo de toda la vida e influyan en su decisión. La razón por la cual esta tiene que ser una decisión personal, especialmente en los Estados Unidos, se ve claramente en el mercado laboral actual. La gente más exitosa es la que persevera en su trabajo a pesar de los obstáculos. Es duro perseverar y producir buenos resultados cuando uno odia su trabajo. Si usted se vino a los Estados Unidos para mejorar su calidad de vida, ¿por qué no sigue una carrera que le proporcione la mayor satisfacción personal?

La mejor manera de elegir el tipo de trabajo que a usted le encantaría hacer, y por lo tanto los estudios más apropiados (*"major"*), es comenzar a fijarse en cómo se siente respecto a las diferentes clases. ¿Qué libros le interesan más? ¿Qué revistas lo atraen? ¿En qué actividades el tiempo pasa volando? ¿La vida de quién le produce una envidia sana? Camine por la biblioteca pública y observe los títulos de las materias: psicología, historia, mejoramiento de las condiciones del hogar, administración, animales, etc. ¿Qué títulos lo hacen detenerse a curiosear? Si está interesado en varios tópicos, piense en una forma de combinarlos. Por ejemplo, psicología, arte y comercio son materias que siempre llamarán mi atención. Escribir libros combina todos los tópicos que amo, desde hacer la investigación, hasta crear el producto y desarrollar un plan de mercadeo.

Cada semestre trate de organizar sus clases de manera que tenga extensos períodos de tiempo disponible. Yo siempre arreglé mis horarios de manera que no tuviera ninguna clase los martes ni los jueves. Haga tiempo para una práctica. Obtenga un trabajo de tiempo parcial. Haga trabajo voluntario. Intervenga en varios clubes. No concentre su atención exclusivamente en sus trabajos académicos o en su vida social.

Pregunte en su college sobre oportunidades de pasar un semestre en el extranjero (en un país de habla inglesa si el inglés sigue siendo su punto débil). En mi segundo año pasé parte del verano en Madrid, España. Tomé un curso de español y viví en casa de una familia española. Fue una experiencia increíble y siempre luce bien en mi currículum.

Llame al *Council on International Educational Exchange* (CIEE), 1-212-822-2600, y pida que le envíen alguna información sobre estudios en el país que le interesa. Pregunte también por la *International Student Identity Card* (carnet internacional de estudiante) y por información sobre trabajos de verano en el exterior. Recuerde siempre que la vida académica no es la vida real. En la vida real usted tiene que pensar, dirigir, tomar decisiones eficaces, y vender su imagen. En su mayoría, los libros de texto no enseñan eso. Tendrá que buscar oportunidades para desarrollar esas destrezas por sí mismo.

■ Preguntas:
1. ¿Qué tipo de educación es la más adecuada para lograr sus metas?
2. ¿Tiene un plan de todos los pasos que tiene que dar para obtener ser admitido al college?
3. ¿Cómo va a sacarle el máximo provecho al college?

■ ■ ■

La educación de sus hijos

Al igual que los colleges, hay escuelas primarias y secundarias públicas y privadas. Las escuelas públicas se financian principalmente con los impuestos sobre bienes raíces, las escuelas privadas, en cambio, se mantienen con derechos de matrícula y donaciones. Cada estado tiene una junta escolar que fija las pautas para las escuelas distritales locales.

Las escuelas primarias incluyen el kindergarten (a partir de los cinco años) y la *elementary school* (generalmente a partir de los seis años). Las escuelas secundarias incluyen *junior high* (desde el sexto grado hasta el octavo) y *high school* (noveno grado al duodécimo). Eso puede variar según el estado. También existen escuelas para necesidades especiales, por ejemplo para niños con impedimentos físicos o dificultades de aprendizaje.

Existen muchos programas de intercambio y oportunidades educativas internacionales para niños y especialmente para adolescentes. No he sabido de nadie que lamente esa experiencia. El Council on Standards for International Educational Travel (CSIET) publica una lista de programas de intercambio y viajes educativos, la Advisory List of International Educational Travel and Exchange Programs. Allí se enumeran más de 60 programas internacionales, los países que participan, los costos y los programas específicos. Puede obtener esa lista por unos 10 dólares, llamando al 1-703-739-9050. Muchos de esos programas son para estudiantes entre 13 y 18 años de edad.

La educación es accesible para todos. En las escuelas públicas encontrará niños de diversos ambientes religiosos, raciales y económicos. Y son educados también por varios maestros.

♦ **La influencia de los maestros**

"El futuro pertenece a los que creen en la belleza de sus sueños".
-- Eleanor Roosevelt

Como padres, ustedes no son la única influencia en la vida de sus hijos. Nunca se pone suficiente énfasis en la importancia y el valor de maestros y profesores que tienen una verdadera vocación. El comportamiento del maestro con el alumno puede hacer que a los sueños les salgan alas o se hagan pedazos. Permítanme relatarles dos ejemplos de mi vida. Yo cursé el primer grado en una pequeña escuela en Lituania. Un día fui a clases con laringitis y la maestra me preguntó sobre mi tarea escolar frente a todo el mundo. Yo señalé mi garganta y murmuré que no podía hablar, pero en lugar de preguntarle a otro estudiante la maestra insistió. Me pidió que explicara la tarea de todas formas y yo traté de hacerlo, pero soné cómico. Toda la clase se rió. No me acuerdo si la maestra también se rió, pero yo me sentí avergonzada y todavía recuerdo el incidente.

Una experiencia totalmente diferente fue la que tuve en el décimo grado en Maryland. Nos pidieron que escribiéramos un relato sobre nuestros primeros recuerdos. Yo escribí sobre mi país. Cuando nos entregaron los trabajos a la semana siguiente, la maestra anunció que había escogido el mejor para leérselo a la clase. Era mi relato. La maestra lo leyó con énfasis y emoción. ¡Yo me sentí tan orgullosa! El aplauso de mis compañeros todavía me sirve de estímulo.

Los maestros tienen el poder de influir en cada uno de sus alumnos. Es crucial que usted, como padre, se involucre en la educación de sus hijos. Conozca a sus maestros. ¿Qué influencia ejercen en sus hijos? ¿Cuáles son sus expectativas? ¿Qué tareas mandan? ¿Cómo le va a su hijo en la escuela? ¿Cómo puede ayudarlo?

♦ **Otras influencias**

"La cosa que más me impresiona de los Estados Unidos es la forma en que los padres obedecen a sus hijos". -- Edward, Duque de Windsor

Es probable que los que ejerzan mayor influencia sobre sus hijos sean otros niños. Posiblemente sus hijos se "americanizarán" muy rápido. Con frecuencia eso sobresalta a los padres recién llegados. Les sorprende lo rápido que sus hijos aprenden inglés y lo rápido que hacen amistades. Como en todos los países, aquí también hay amistades buenas y malas.

Sus hijos van a sentir la presión constante de tener que seguir lo que están haciendo otros niños, las fiestas a las que van, lo poco o mucho que estudian, etc. La mayoría de los niños quiere ser "cool", un término que se usa para describir a alguien que es popular, que tiene un montón de amigos. Lamentablemente, para la mayoría de los niños estadounidenses, los extranjeros no son "cool". Eso puede causarle mucho estrés a sus hijos.

Puede tentarlos a hacer cosas para volverse populares. Los padres deben estar conscientes de esas presiones, y de más está decir que no hay recetas fáciles para manejarlas. En todas las escuelas hay niños pendencieros, niños que molestan, amenazan y golpean a los demás. Sus hijos pueden ser las víctimas perfectas para ese tipo de abuso. Si el maestro no está dispuesto a manejar las situaciones que pueden presentarse o no es capaz de hacerlo, anime a sus hijos a dirigirse al principal o director de la escuela. Enséñelos a usar su sentido del humor y su imaginación, y no sus puños, para resolver los problemas. Si usan sus puños, los pendencieros pueden optar por un cuchillo o un revólver. Suena increíble, pero es algo que pasa todos los días.

Otra influencia en sus hijos serán los medios de difusión, especialmente la televisión y el cine. Con frecuencia los programas en los Estados Unidos son demasiado violentos y negativos. Además, los niños pasan demasiado tiempo viendo TV. En lugar de jugar afuera con sus amigos, de ser creativos, de aprender destrezas sociales, se quedan sentados frente al televisor. En opinión de muchos expertos, es una buena idea limitar lo que ven sus hijos.

Las drogas son un gran problema en este país. El 40% de los jóvenes prueba las drogas al llegar a su último año de la secundaria. Uno de cada cuatro alumnos de octavo grado prueba drogas ilegales. Es importante que converse con sus hijos sobre este tema. Ellos necesitan saber lo que las drogas pueden hacerle a sus cuerpos y a sus cerebros. Y necesitan esas conversaciones con frecuencia. Si los niños no oyen las opiniones de sus padres, sólo se guiarán por las opiniones de sus amigos. Los estudios demuestran que mientras más hablen los padres sobre los peligros de las drogas, menos probable es que sus hijos las prueben.

Como los que ofrecen las drogas casi siempre son otros niños de la escuela, es necesario que su hijo tenga formas de responder sin sentir que va a perder a todos sus posibles amigos. Aconséjele que les responda diciendo esto: que si usa drogas no lo aceptarán en el equipo de basket, o que él conoció a alguien que se enfermó de gravedad por eso, o que su papá y su mamá siempre lo esperan despiertos y se darían cuenta enseguida. Debe estimular a su hijo para que encuentre nuevos amigos que no experimenten con drogas.

Es menos probable que los niños que se mantienen ocupados (tareas, clases de baile, de música, deportes) busquen una estimulación producida por drogas. El U.S. Department of Health and Human Services ofrece información gratuita sobre el uso indebido de drogas. Llame al 1-800-624-0100 para solicitar dos folletos titulados *Growing Up Drug Free: A Parent's Guide to Prevention* y *Preventing Drug Use Among Children and Adolescents*. Estos folletos analizan los factores de los efectos de las drogas sobre el cuerpo humano y lo que los niños tienen que saber a diferentes edades.

■ Preguntas:
1. ¿En qué son diferentes los niños de este país?
2. ¿Se comunica usted frecuentemente con los maestros de sus hijos?
3. ¿Quién tiene más influencia sobre su hijo?

■ ■ ■

Si No Terminó la Secundaria

La educación tiene un papel principal en el debate actual sobre la inmigración. Los inmigrantes altamente calificados, en particular los que tienen estudios superiores, son bienvenidos. Los trabajadores no calificados, sin educación, no. Las investigaciones muestran que los inmigrantes con educación secundaria o superior son considerados "contribuyentes netos" a la sociedad, mientras que los que no tienen un certificado de secundaria son "una carga" para los contribuyentes durante toda su vida. ¿Quiere vivir con ese estigma? Si abandonó la secundaria sin graduarse, aquí o en su país, puede presentar un examen llamado *General Educational Development Test* (GED). El diploma GED equivale a un diploma de secundaria y sirve para entrar a la mayoría de los colleges y universidades. El examen está disponible en inglés, español y francés en todo el territorio de los Estados Unidos.

Llame al departamento de educación de su estado y pregunte por el "testing center" (centro donde se presenta el examen) más cercano a su residencia. Para publicaciones del GED puede llamar también al 1-301-604-9073 o escribir a:

GED Fulfillment Service
P.O. Box 261
Annapolis Junction, MD 20701

Puede obtener exámenes de preparación llamando a Steck Vaughn Co, al 1-800-531-5015.

■ Pregunta:
1. Si no tiene un certificado de secundaria, ¿qué pasos dará para aprobar el examen GED?

DINERO

Servicio de Ingresos Internos (IRS) - Impuestos

El *Internal Revenue Service* (IRS - Servicio de Ingresos Internos) es el principal organismo de aplicación de la ley en Estados Unidos. Cuenta con más de 110.000 empleados y 600 oficinas y su propósito es garantizar que la gente pague sus impuestos. Es muy importante que todos los residentes o ciudadanos estadounidenses entiendan bien las leyes fiscales actuales y que tengan una idea general sobre la enorme organización que se encarga de asegurar su cumplimiento.

El cumplimiento de las leyes fiscales del IRS se basa en un sistema de honor; sin embargo, el IRS investiga a fondo. Los auditores del IRS irán tras de usted si sospechan que no pagó lo suficiente. Primero que nada, entienda que minimizar o evitar impuestos utilizando medios legales está bien. Evadir el pago de impuestos o esconder o tergiversar transacciones financieras no está bien. (Martin Kaplan, CPA, 1995). Por lo tanto, es legal que usted evite pagar impuestos este año sobre cualquier inversión con impuestos diferidos, pero no es legal que infle sus gastos comerciales. Existe una gran cantidad de libros sobre impuestos, pero las leyes cambian constantemente. Esta sección tiene el propósito de servir como una guía general. Para obtener información más actualizada, acuda a un profesional en materia fiscal o directamente al IRS.

El sistema para determinar los impuestos funciona de la siguiente manera. Al comenzar un nuevo trabajo, su patrono le dará el formulario "Form W-4" para que lo llene y muestre la cantidad de exenciones que solicita. Si usted es cabeza de la familia, su cónyuge no trabaja, y tiene dos hijos, puede pedir cuatro exenciones. Las exenciones reducen los impuestos que su patrono retiene mensualmente de su cheque de pago.

Puede cambiar sus exenciones si prevé que va a tener muchas deducciones en un año determinado. Las deducciones son la forma legal de minimizar los impuestos. El año en que compramos nuestra vivienda tuvimos muchas deducciones. Aumentamos nuestras exenciones al principio de ese año y así aumentamos el monto de cada cheque de pago. Las deducciones al final del año lo equilibraron todo. Si su patrono le retiene muchos impuestos, usted le está prestando su dinero al IRS y no está ganando intereses. Aun si le gusta la idea de obtener un gran reembolso a fin de año, no es una acción inteligente.

Al final de cada año, todas las personas que estén por encima de un cierto nivel de ingresos deben presentar sus declaraciones de impuesto sobre la renta (a menudo llamadas "return") ante el estado y el gobierno federal. Estas planillas están disponibles en cualquier oficina de correos o biblioteca. Dependiendo de lo que haya pagado ya en impuestos, puede recibir un reembolso o puede que todavía deba algo. Debe declarar sus impuestos antes del 15 de abril o pedir una prórroga.

Dependiendo de su nivel de ingresos, usted puede calificar para recibir un "earned income credit" (EIC - crédito fiscal por ingresos devengados), es decir, un reembolso de impuestos federales retenidos, además de otras consideraciones fiscales. En 1998, una familia que ganara menos de 26.473 dólares y que estuviera criando un hijo podía calificar para ello, así como una familia que ganara menos de 30.096 dólares y tuviera dos o más hijos, o un trabajador soltero con un ingreso menor de 10.030 dólares. Sin embargo, los requerimientos del nivel de ingresos cambian, así que mejor verifíquelos. Si piensa que califica, llame al IRS al 1-800-829-3676 y pida la publicación 596, *Earned Income Tax Credit* (Crédito Fiscal por Ingresos Devengados). Pregúntele a su patrono cómo obtiene el crédito en cada cheque de pago; a eso se le llama pago adelantado de créditos fiscales por ingresos devengados.

No sea un contribuyente ingenuo. Si el IRS descubre que debe impuestos, hacerlo pagar estará por encima de cualquier derecho legal que usted tenga como residente o ciudadano estadounidense. Y no sólo le van a pedir impuestos adicionales. Añadirán intereses y sanciones. Tampoco se le otorgará la ciudadanía estadounidense si debe impuestos.

La siguiente historia de la vida real es un ejemplo de lo que le puede ocurrir a muchos recién llegados. No se suministran nombres por respeto a la privacidad. Una familia joven se mudó a Estados Unidos. El joven padre era un médico respetado en su país y aceptó una oferta de beca en un hospital de investigación. Tanta esperanza, tantos deseos de aprender, tanta disposición a contribuir. Vino para ser doctor, sin pensar que el IRS lo quería primero como contribuyente. Después de abrir su práctica privada, contrató a un contador altamente recomendado. Durante cuatro años el contador estuvo al tanto de las transacciones financieras del doctor y se encargó de presentar sus declaraciones de impuestos anuales. Mientras tanto el doctor se ocupaba de sus pacientes. Parecía un buen arreglo. ¿Qué pensó el IRS al respecto? Exigió que el doctor pagara una deuda fiscal de 200.000 dólares.

Aún si contrata a un contador para que se encargue de sus impuestos, es necesario que usted mismo conozca los conceptos básicos. Éste es el consejo de muchos inmigrantes que aprendieron a fuerza de sinsabores. Confíe en su contador, pero entienda los conceptos básicos del sistema para que pueda ver los errores obvios. Y recuerde siempre que un contador no es un abogado. Lo que diga a su contador puede ser revelado legalmente en una corte.

Para mayor información o preguntas relacionadas con el tema fiscal, puede llamar a la línea de ayuda del IRS: 1-800-829-1040. El IRS también ofrece servicios fiscales gratis y más de 100 publicaciones útiles y sin costo alguno. Llame al 1-800-829-3676 y pregunte por la publicación 910, *Guide to Free Tax Services* (Guía para Servicios Fiscales Gratuitos). Allí puede escoger los servicios y publicaciones que pueden serle útiles.

■ Preguntas:
1. ¿Cómo puede minimizar legalmente sus impuestos?
2. ¿Entiende las leyes fiscales estadounidenses básicas?

■ ■ ■

Pagando Cuentas

No importa cuánto gane uno, el dinero siempre tiende a escaparse entre los dedos. Se va en pagar el alquiler, el carro, la comida, educación, tratamientos médicos, mobiliario, tarjetas de crédito, y tantas otras cosas. Esas cosas se llaman *"bills"* (cuentas).

Si llegó a Estados Unidos como refugiado, tal vez esté recibiendo alguna ayuda federal o quizás esté viviendo con sus parientes. Pero probablemente sabe que sin importar lo ricos que sean sus parientes estadounidenses o lo dispuestos que estén a ayudarlo, no van a poder hacerlo eternamente. La independencia financiera se valora mucho en Estados Unidos. Es algo que hay que aprender y manejar. Es la manera de construir una vida de calidad para uno mismo.

Al comenzar a tener independencia financiera tendrá también sus propias cuentas por pagar. Las más importantes, las que siempre debe pagar a tiempo, las que lo van a ayudar a construir su solvencia crediticia, son el alquiler, las cuentas por servicios públicos (agua y electricidad), la cuenta del teléfono, el préstamo para su carro, si lo tiene. Si no tiene historial de crédito, cuando decida comprar una vivienda o pedir un préstamo, examinarán la forma en que paga sus cuentas. Guarde todos los recibos de pago que muestren la fecha en que realizó cada uno.

■ ■ ■

Páguese a usted mismo

Ahora que ya sabe que siempre debe pagar sus facturas importantes a tiempo, por favor añada pagarse a sí mismo como una de esas cuentas importantes. Sin importar lo que necesite comprar o a quién le deba dinero, tome un 10% de su salario mensual y ahórrelo. Es la única manera de asegurar su futuro financiero. Un programa de inversión regular y sistemático es la mejor manera de aumentar la confianza y los recursos que necesitará para que se cumplan sus sueños en los Estados Unidos. Si tiene la disciplina del ahorro, tendrá la disciplina para lograr mucho en los Estados Unidos.

■ Preguntas:
1. ¿Qué cuentas por pagar tiene actualmente?
2. ¿Cuánto puede "pagarse a sí mismo" cada mes?

■ ■ ■

Bancos y "Credit Unions" (Cooperativas de Crédito)

Sólo después de muchos años en este país fue que entendí lo que era un "*Credit Union*". Por mucho tiempo estuve leyendo sobre "*union strikes*" (huelgas sindicales), "*union dues*" (cuotas sindicales), "*union contracts*" (contratos sindicales) y otras combinaciones con la palabra "*union*" (sindicato). Así que pensé que una *Credit Union* era algo así como un sindicato obrero. Al aprender inglés tal vez tenga malentendidos como ése. Comparemos las

Credit Unions o cooperativas de crédito con los bancos. Una cooperativa de crédito es una entidad financiera que funciona de manera muy parecida a un banco, pero sin fines de lucro, y que brinda más beneficios a sus miembros. La mayoría de los bancos cobra comisiones por cuentas corrientes, muchos incluso por cuentas de ahorro, por utilizar los cajeros automáticos (ATM - *"automatic teller machines"*), y a veces hasta por el servicio de los cajeros (empleados del banco). Una cooperativa de crédito brinda los servicios de un banco, pero generalmente con menos cargos. A menudo los bancos exigen que tenga un saldo mínimo en su cuenta (el promedio es de 300 dólares). Es posible que una cooperativa de crédito exija apenas 5 dólares para mantener la cuenta abierta. Además, muchas cooperativas de crédito pagan intereses sobre cuentas corrientes y cuentas de ahorro, y ofrecen tarjetas de crédito y préstamos a tasas de interés más bajas.

En cuanto tenga la oportunidad, ya sea a través de su patrono, escuela, asociación o de un miembro de su familia, ingrese a una cooperativa de crédito, aun si queda en otro estado. Yo vivo en Maryland, pero ingresé en una asociación cooperativa de crédito' en Pennsylvania. Todas mis transacciones las realizo por teléfono o correo. Existen cooperativas de crédito formadas por grupos de diversas nacionalidades. Cada una tiene sus propios requisitos para aceptar miembros. Existen cooperativas de crédito para ucranianos, rusos, chinos, taiwaneses, coreanos, lituanos, letones y muchos otros. A lo mejor existe alguna para su comunidad nacional.

Para encontrar una cooperativa de crédito a la que pueda ingresar, contacte a la *Credit Union National Association* (CUNA - Asociación Nacional de Entidades de Crédito), al 1-800-356-9655, para obtener el teléfono del representante en su estado. El representante local es el mejor medio para conocer las cooperativas de crédito en su área y los requisitos de ingreso.

Si usted no llena lo requisitos para ninguna cooperativa de crédito, tendrá que recurrir a los servicios bancarios. Visite algunos bancos cerca de su hogar y verifique sus cargos y tasas de interés. Asegúrese de que el banco que escoja tenga cajas de seguridad disponibles. Necesitará alquilar una por un pequeño monto para mantener documentos importantes y objetos de valor.

Algunos bancos reducen sus cargos por cheques si su patrono deposita su salario directamente en una cuenta. Pregunte sobre otras formas de reducir cargos. Abra una cuenta corriente para que pueda emitir cheques, y coloque algún dinero en una cuenta de ahorros para sus gastos mensuales básicos y las emergencias. Luego invierta una parte de su dinero. Puede comenzar a invertir lentamente en la forma que describiremos en las próximas secciones. No es recomendable comprar las inversiones que ofrecen los bancos, excepto certificados de depósito (CD) ocasionales para ahorros garantizados a corto plazo. A menudo los bancos cobran comisiones altas por las inversiones que ofrecen.

Los bancos le pueden pedir varios documentos para abrir una cuenta. En general estos documentos incluyen la tarjeta del seguro social (que puede obtener de la *Social Security Administration*, 1-800-772-1213, para propósitos bancarios, aunque no tenga la *"green card"* para trabajar), la licencia de conducir, y posiblemente una tarjeta de identificación como estudiante o empleado. Si está clasificado como persona no residente, deberá llenar el formulario Form W-8, *Certificate of Foreign Status* (Certificado de Estatus de Extranjero), que el banco debe suministrarle, o que puede obtener llamando al *Internal Revenue Service* (IRS) al 1-800-829-3676. De cualquier manera, si se trata de un banco o de una cooperativa de crédito, sus depósitos combinados están asegurados hasta por 100.000 dólares (esto significa que si el banco quiebra, usted recupera hasta 100.000 dólares). Sin embargo, ya sea que usted escoja un banco o una cooperativa de crédito, las actuales tasas de interés para ahorros no se han mantenido al paso de la inflación. Las tasas de interés para ahorros son muy bajas y gravables. Por lo general la inflación devora cualquier crecimiento de su dinero. A una tasa de inflación del 4%, 100 dólares de hoy serán equivalentes a 67 dólares en 10 años. Si le están dando entre el 2 y el 3% de interés, todavía está perdiendo. Le costará caro mantener todo su dinero en cuentas de ahorro o corriente. Debe encontrar inversiones que produzcan un promedio de 10 a 15% al año.

■ Preguntas:
1. ¿Existe una cooperativa de crédito a la que pueda ingresar?
2. ¿Por qué debe invertir una parte de su dinero?

■ ■ ■

Planificadores Financieros

Existen muchos consultores financieros calificados que lo pueden ayudar con sus estrategias de inversión. Si su situación es muy complicada e involucra mucho dinero, es importante que consulte a un especialista. Existen dos tipos de especialistas, los que sólo cobran por honorarios y los que se basan en comisiones. Un consultor por honorarios obtiene una tasa fija por cada cliente y no tiene incentivos para venderle algo. Un asesor que cobra por comisiones obtiene un porcentaje de cada transacción.

Existen organizaciones respetadas que suministran referencias sobre asesores por honorarios. La *Licensed Independent Network of CPA Financial Planners* (LINC), teléfono 1-800-737-2727, puede referirle a un planificador por honorarios que también sea un Contador Público Colegiado (CPA). La *National Association of Personal Financial Advisors* (NAPFA), 1-888-333-6659, también le refiere a planificadores por honorarios. Además, *Worth Magazine* publica la *"Top 200 Advisers List"* (la Lista de los 200 Mejores Asesores).

Si su situación monetaria no es complicada (pero parece que nunca tuviera suficiente dinero), puede controlar su futuro financiero aprendiendo más sobre las inversiones y comenzando por su cuenta. Con la estrategia que se ofrece en la próxima sección, usted puede comenzar rápidamente sin ayuda de nadie. No espere a saber todo lo posible sobre acciones, bonos, diversificación de cartera, etc. Existen maneras sencillas de comenzar a invertir pequeñas cantidades de dinero e ir aprendiendo en el camino.

■ Preguntas:
1. ¿Cuáles son algunos de los términos de inversión que usted entiende?
2. ¿Necesita un planificador financiero?

■ ■ ■

Cómo hacer que aumente su dinero

Cuando se trata de dinero, es más importante lo que pueda conservar que lo que realmente gana. Lo que guarda depende del dinero que usted aparta y no gasta, de cuánto pueda hacer crecer ese dinero, y de cuánto pueda protegerlo legalmente de los impuestos. Discutiremos las tres cosas.

Pagarse a usted mismo primero es una excelente manera de guardar un poco de su dinero antes de que se le escape. Una buena estrategia es tomar por lo menos 50 dólares de cada cheque de pago mensual, y ponerlos a crecer. Pero, ¿dónde colocar esos 50 dólares mensuales? Si va a una librería o a una biblioteca verá estantes llenos de libros y revistas sobre el tema del dinero. A menudo esas publicaciones utilizan un lenguaje difícil, que describe todas las posibilidades disponibles con diferentes opiniones y especulaciones. Puede ser muy complicado y confuso.

Existen inversiones de mayor riesgo e inversiones más seguras. Ya sabemos que colocar dinero en un banco es seguro pero costoso.

Dependiendo de los cargos del banco y de la inflación, puede ser que dejar dinero en un banco sea tan rentable como ponerlo debajo del colchón.

Sabemos que debemos invertir. Pero ¿en dónde? En *"stock mutual funds"*, es decir fondos mutualistas de acciones. Existen miles de fondos mutualistas para escoger. Primero, ¿qué es un fondo mutualista de acciones? Es una bolsa común de dinero de inversionistas individuales que se utiliza para comprar acciones de los paquetes de acciones de varias compañías. Comprar diferentes acciones dispersa el riesgo automáticamente. Los fondos y todas las transacciones son manejadas por profesionales en inversión. También existen *"bond mutual funds"* que invierten en distintos bonos, *"money market funds"*, que invierten en títulos valores, y otros tipos de fondos mutualistas. Nos concentraremos en los fondos mutualistas de acciones. Históricamente y a largo plazo, resultan mejores que las demás opciones de fondos mutualistas.

Este es el procedimiento para invertir en los fondos mutualistas de acciones:

1) Llame a cada una de las "familias" de fondos mutualistas que se mencionan abajo (o a cualquiera que conozca). Puede que le responda una contestadora o que sea atendido por una persona. Diga algo así: *"I am interested in investing in no-load stock funds, especially in international, mid-cap and small-cap. Please send me a prospectus on what you have and an automatic monthly investment application"* ("estoy interesado en invertir en fondos de acciones sin recargo, especialmente en internacionales, compañías medianas y compañías pequeñas. Por favor envíenme un folleto de lo que tienen y una planilla de solicitud de inversión mensual automática"). En la lista que se ofrece a continuación se enumeran algunos montos mínimos mensuales (confirme todo con el representante de la compañía):

- *American Century* - 1-800-345-2021. No hay un mínimo para comenzar, luego 50 dólares mensuales hasta alcanzar 2.500 dólares.
- *Harbor Funds* - 1-800-422-1050. 500 dólares mínimos para comenzar, 100 dólares cada tres meses o mensuales hasta alcanzar 2.000 dólares.
- *T. Rowe Price Funds* - 1-800-638-5660. No hay un mínimo para comenzar, 50 dólares mensuales hasta alcanzar 1.000 dólares.
- *Neuberger & Berman* - 1-800-877-9700. 100 dólares mínimos para comenzar, 100 dólares mensuales hasta alcanzar 1.000 dólares.

Estas familias de fondos han estado funcionando por muchos años, gozan de amplio reconocimiento, no requieren grandes depósitos iniciales, no tienen comisiones por adelantado, se han desempeñado bien en el pasado con rendimientos anuales promedio de 10 al 15%, y son un buen punto de partida. Por supuesto que también puede escoger otras. (Si leyó sobre alguna compañía de fondos mutualistas que parece buena, siempre puede obtener su número de teléfono llamando al 1-800-555-1212 y pidiendo el teléfono gratuito de la compañía específica). Si está invirtiendo en una cuenta IRA (las discutiremos más adelante), los montos mínimos sólo van de 250 a 500 dólares para la mayoría de las compañías de fondos mutualistas. En este caso, también pida un prospecto sobre los "*index funds*" (fondos index) disponibles (el Vanguard Index 500 es especialmente atractivo por sus bajos gastos). Ningún fondo mutualista garantiza una tasa de rendimiento específica, ni está asegurado por el gobierno. El crecimiento depende de cómo se desempeñan las acciones escogidas por el fondo.

2) Cuando reciba la información sobre el fondo mutualista, revise cada folleto, verifique las estrategias de inversión, los gastos administrativos del fondo (el promedio en esta industria es de 1,30% de los activos), los cargos anuales por cuentas pequeñas (generalmente 10 dólares anuales para cuentas menores de 2.000 dólares). Escoja uno o dos fondos con los que se sienta cómodo. Siga las instrucciones para llenar el formulario de solicitud de inversión automática. La mayoría de las compañías de inversión están dispuestas a hacer negocios gustosamente sin importar si usted es residente o no. Deberá indicar si es ciudadano estadounidense, extranjero residente o extranjero no residente. Las personas no residentes probablemente tendrán que llenar el formulario W-8, Certificado de Estatus de Extranjero, para estar exentos de impuestos en los Estados Unidos (la compañía de fondo mutualista le enviará uno). En ese caso son pertinentes las leyes fiscales de su país de residencia. Si tiene alguna pregunta sobre cualquier asunto, siga llamando a las compañías. Usted es un cliente potencial y ellos quieren ayudarlo. Envíe la planilla por correo además de cualquier depósito inicial requerido.

3) ¡Entró al fondo! El dinero será retirado de su cuenta corriente o de ahorros un día específico de cada mes, según lo haya pedido, y será invertido en los fondos que usted especificó. Se estará pagando a sí mismo primero que nada. No tiene que hacer nada más, excepto verificar sus fondos periódicamente y declararlos en su declaración anual de rentas. Millones de estadounidenses lo están haciendo. ¡Se sentirá muy contento de haberlo hecho!

Ahora puede tomarse un tiempo para aprender sobre todos los demás excelentes fondos mutualistas existentes, sobre el mercado de acciones, bonos, diversificación de la cartera, etc. Todo tendrá más sentido ahora que forma parte de esto. Puede seguir el desarrollo de sus fondos en la sección comercial de su periódico local. No se alarme por las altas y bajas. Históricamente, y según la opinión de muchos profesionales, la mejor estrategia es la inversión a largo plazo en fondos mutualistas de acciones de crecimiento agresivo. Puede sacar su dinero en cualquier momento sin ser sancionado, pero no lo haga cuando las acciones estén en baja.

Así que ya sabemos cómo ahorrar un monto establecido por mes y hacerlo crecer para el futuro. Ahora, ¿cómo protegemos ese dinero de los impuestos para que aumente aún más rápido? Haciéndolo crecer con **impuestos diferidos** (es decir que el dinero no paga impuesto hasta cuando lo retire). Una manera es pedir a las mismas compañías de fondos mencionadas anteriormente que establezcan su inversión como una *Individual Retirement Account* (IRA) auto-dirigida. El dinero de la IRA es para su jubilación. Puede retirarlo en cualquier momento, pero automáticamente se le retendrá 20% para impuestos, y puede que tenga que pagar una sanción del 10% si retira antes de la edad de 59 años y medio. La sanción puede no ser aplicada si el retiro se hace por invalidez, muerte, cuentas médicas, la compra de la primera vivienda, o por costos de educación más altos.

Siempre que sea legal y financieramente posible, es recomendable dejar el pago de los impuestos para más tarde. Digamos que usted y yo invertimos 2.000 dólares anuales por 10 años, y que ese dinero aumenta a un 8% anual. La única diferencia es que usted hizo que la compañía de fondos mutualistas invirtiera su dinero como un IRA. Al final de los 10 años cada uno colocó un total de 20.000 dólares de su propio dinero. En un total de 30 años el saldo de mi cuenta será de 160.000 dólares y el suyo será de 244.000 dólares. Usted lo hizo mucho mejor. Al jubilarse, puede sacar su dinero sin sanciones y probablemente pagará menos impuestos.

Conozca bien el interés compuesto y el diferimiento de impuestos y aprovéchelos. Son poderosos. El dinero que invierte gana intereses y el interés también gana intereses. Mientras más tiempo pase su dinero sin retiros y sin impuestos, más impresionantes serán los resultados de la inversión.

■ Preguntas:
1. ¿Qué es un *stock mutual fund* y qué es un IRA?
2. ¿Tiene un plan de inversión a largo plazo?

■ ■ ■

Jubilación y Seguridad Social

"Uno puede ser joven y no tener dinero, pero no puede ser viejo sin él". -- Tennessee Williams

En algunos países, es una costumbre que los hijos asuman toda la responsabilidad financiera por sus padres cuando estos llegan a la vejez. Es difícil esperar tal cosa en Estados Unidos. Cada persona debe planificar su propia jubilación. El momento para comenzar a ahorrar para el retiro es cuando uno nace. Una inversión de 1.000 dólares hecha el día en que lo llevaron a casa puede valer 1 millón de dólares cuando cumpla los 65. Por supuesto, si usted o sus padres no comenzaron tan temprano, el momento de empezar es ahora mismo. Mientras más joven sea, menos necesitará invertir su propio dinero, y habrá más interés compuesto con su toque mágico, tal como lo hablamos anteriormente.

Ahora discutiremos el seguro social, qué es, qué hace y cómo complementa sus ahorros para la jubilación. A lo mejor en otros países los jubilados pueden depender más de los servicios sociales para un futuro cómodo, pero ése no es el caso en los Estados Unidos. Los beneficios que le paguen no serán suficientes. Según la Junta de Fiduciarios del Seguro Social, existen recursos suficientes para pagar beneficios completos durante los próximos 34 años. Si usted está en los veinte puede que eso no suene muy tranquilizador. Con o sin los beneficios del seguro social, va a necesitar más dinero.

La Administración del Seguro Social (Social Security Administration - SSA) emite tres tipos de tarjetas del seguro social: 1) la tarjeta usual que incluye el nombre de la persona y su número, y que se emite para ciudadanos estadounidenses y residentes permanentes; 2) una tarjeta temporal que se emite para extranjeros y que no es válida para trabajar, pero que se puede usar para propósitos de identificación, bancarios, etc.; 3) una tarjeta temporal que es válida para trabajar y que está autorizada por los Servicios de Inmigración y Naturalización (INS). El SSA hace un seguimiento a las ganancias de cada persona a fin de determinar los futuros beneficios de retiro o invalidez para esa persona o cualquier dependiente. Es ilegal utilizar la tarjeta del seguro social de otra persona. Para obtener su propia tarjeta llame al 1-800-772-1213, donde le darán mayor información y la dirección de la oficina local de la SSA.

Si trabaja para alguien o por cuenta propia, una parte de sus deducciones fiscales va a un fondo de seguro social. Además de pagar impuestos federales, estatales y locales, el 7,65% de cada cheque de pago va al seguro social. A menudo esa deducción aparece en su recibo de pago como impuestos "FICA". Su patrono también paga 7,65% por usted. La SSA divide el dinero recolectado entre jubilación, invalidez y seguro médico (llamado Medicare). Si usted trabaja por cuenta propia debe aportar ambas partes, es decir, un total de 15,3%. Para poder tener acceso a los beneficios del seguro social, debe trabajar y contribuir con el sistema por un mínimo de

40 trimestres (10 años de trabajo para la mayoría). Un cónyuge que no trabaje recibirá el 50% de lo que recibe el cónyuge que trabaja.

Si usted nació antes de 1959, la edad normal para jubilarse y recibir beneficios completos es 65 años. Si nació después, su edad de retiro completa es 67 años. Muchas personas siguen trabajando, al menos por horas, mientras reciben su dinero de la SSA.

Usted no va a querer llegar a viejo, enfermo y pobre en los Estados Unidos. Ése es un destino terrible. Así es que necesita encontrar maneras de ahorrar más dinero para su jubilación. De acuerdo con muchos expertos, las mejores estrategias de ahorro a largo plazo para su retiro son las siguientes:

1) Si tiene un plan 401k a través de su patrono (llamado 403b para empleados del gobierno), aprovéchelo al máximo (a menudo se permite hasta 16% de su salario, o un total máximo de 10.000 dólares por año). Reduzca un poco su presupuesto ahora para que tenga mucho más en el futuro. El departamento de beneficios de la compañía donde trabaja puede darle toda la información necesaria para comenzar y las opciones de inversión disponibles. Si faltan más de cinco años para su retiro, dirija por lo menos el 70% de sus inversiones hacia el crecimiento agresivo, fondos internacionales y acciones comunes. El 30% restante inviértalo como desee. Deje que el tiempo trabaje para usted. No toque ese dinero prematuramente. Invertir al máximo en el 401k, antes que en cualquier otro plan con diferimiento de impuestos, es una excelente idea, porque reduce sus impuestos en los ingresos. Es decir, se reducen las retenciones fiscales de su cheque de pago y usted deja el pago de impuestos sobre sus inversiones para cuando se retire. ¡Beneficio doble! Además, muchos patronos igualan su contribución hasta cierto porcentaje. Por ejemplo, por cada dólar que usted ahorre, su patrono puede añadir otros 50 céntimos hasta un 5% de su cheque de pago. Ésa es en verdad una de las mejores maneras de ahorrar para el futuro.

2) Si usted no tiene una opción 401k o 403b a través de su empleo, otra opción es la *Individual Retirement Account* (IRA) que discutimos anteriormente. Cualquier persona que gane dinero puede invertir hasta 2.000 dólares al año en una IRA con impuestos diferidos. Además, la ley ahora permite otros 2.000 dólares para el cónyuge que no trabaje. Si no posee otro plan de pensión, es soltero y gana menos de 35.000 dólares al año, o si está casado y entre usted y su cónyuge ganan menos de 50.000 dólares, puede también deducir su aporte al IRA de sus ingresos y pagar menos impuestos. Si le faltan más de cinco años para su jubilación, invierta su dinero IRA en fondos mutualistas de acciones (las compañías enumeradas en la sección previa están bien). Si faltan menos de cinco años y se siente nervioso por las altas y bajas del mercado de acciones, coloque una porción de sus ahorros de la IRA en certificados de depósito (CD), fondos de mercado de dinero ("*money market funds*") y otras inversiones más seguras. Nota: <u>no permita que ningún</u>

dinero de su jubilación llegue a sus manos antes de retirarse. No sólo incurrirá en sanciones e impuestos, sino que a lo mejor lo gasta. Las compañías de fondos mutualistas pueden manejar todas las transacciones de transferencia de principio a fin.

3) Si usted trabaja por cuenta propia, hay algunas buenas opciones para ahorrar difiriendo impuestos. Las cuentas IRA son una opción. El plan Keogh es otra. También puede ahorrar mediante una compañía de fondos mutualistas. Con este plan, usted decide cuánto desea aportar al año con impuestos diferidos, hasta un tope de 30.000 dólares. El *Simplified Employee Pension Plan* (SEP - Plan de Pensión Simplificado para Empleados) se establece de manera similar a una IRA y permite aportes deducibles de impuesto hasta por un 15% de su compensación (o hasta un máximo de 22.500 dólares). Para mayor información sobre todas sus opciones y las leyes fiscales actuales, llame a su compañía de fondos mutualistas o al *Internal Revenue Service* (IRS) al 1-800-829-3676, y pida la publicación 560, *Retirement Plans for the Self-Employee* (Planes de Retiro para el Trabajador por Cuenta Propia).

Cada tres años debería obtener un estimado de sus beneficios futuros por seguro social, llamando a la SSA al 1-800-772-1213. Le responderá una contestadora que le pedirá su nombre y dirección. Si habla con un representante, pídale un *Personal Earnings and Benefit Estimate Statement* (Estado de Estimado de Beneficios y Ganancias Personales). Después de llenar y enviar la planilla recibirá un estimado de lo que ha estado pagando al seguro social y de sus beneficios futuros aproximados. Pídale a la SSA que le envíe también los siguientes folletos, ya que le pertenecen: *Social Security - Understanding the Benefits* (Seguro Social - Entendiendo los Beneficios - Publicación 05-10024), *Retirement* (Retiro - 05-10035), *Survivors* (Sobrevivientes - 05-10084) y *Disability* (Invalidez - 05-10029). Dependiendo de lo cerca que esté a los 65 años o si está inválido, puede interesarle también el folleto de *Medicare* (05-10043), que describe el programa básico de seguro médico.

Si ya llegó a la edad de jubilación, ingrese a la *American Association of Retired Persons* (AARP-Asociación Estadounidense para Jubilados). Llámelos al 1-202-434-2277 para obtener varias publicaciones gratis sobre vivienda, inversiones, asesoría legal y estrategias de retiro. Como miembro de la AARP tiene derecho a muchos descuentos en varios establecimientos.

■ Preguntas:
1. ¿Tiene un plan de inversión para su retiro?
2. ¿Su compañía ofrece un plan 401k?

Construyendo su Historial de Crédito

Uno de los activos más valiosos en Estados Unidos es un buen historial de crédito. Si paga sus cuentas puntualmente, es más probable que obtenga más créditos, así como préstamos y tarjetas de crédito.

Existen tres oficinas principales de informes de crédito: *Experian* (1-800-682-7654), *Equifax* (1-800-685-1111), y *Trans Union* (1-800-916-8800). Estas compañías reúnen información sobre la solvencia de las personas y se la venden a los acreedores que la solicitan. Si usted tiene una tarjeta de crédito o ha obtenido un préstamo para educación, un automóvil o una vivienda, esta información forma parte de su historial de crédito, y las instituciones financieras, las tiendas y los patronos pueden tener acceso a ella.

Si piensa que ya comenzó a acumular información crediticia, puede obtener una copia llamando a los números anteriores. Allí le darán instrucciones sobre cómo obtener el informe. *Experian* suministra una copia gratis al año. Envíe su petición por escrito, dando su nombre completo, el nombre de su cónyuge, sus direcciones en los últimos cinco años, su número del seguro social, su fecha de nacimiento y la copia de su licencia de conducir o cualquier estado de cuenta que confirme su dirección actual. Firme la petición y envíela a *Experian*, Attn.: NCAC, P.O. Box 949, Allen, Texas 75013-0949. Ellos tienen folletos en inglés y en español que explican el servicio de informe crediticio. Cualquier información negativa aparecerá en su informe personal durante 7 años. La información sobre bancarrota será reportada por 10 años.

Aléjese de las compañías que ofrecen "crédito instantáneo sin importar su historial de crédito previo". A menudo no son compañías respetables. Para comenzar a construir su historial de crédito debe obtener un crédito de una compañía o banco respetables que envíen informes a las principales oficinas de crédito. Trate de obtener una tarjeta de crédito de un almacén local. Tal vez pueda obtener la aprobación para una tarjeta con cargo mínimo limitado, como 250 dólares. Si no puede conseguir un almacén o banco que le de crédito porque no tiene historial crediticio, considere la posibilidad de obtener un préstamo garantizado. Por ejemplo, puede ir al banco, depositar 1.000 dólares en una cuenta de ahorros o CD (certificado de depósito) y pedir un préstamo por 1.000 dólares. Hay muchos bancos que le darán gustosamente un crédito garantizado. El banco congelará sus 1.000 dólares hasta que pague los 1.000 dólares del préstamo. Realice sus pagos mensuales antes de la fecha de vencimiento durante 12 ó 24 meses, dependiendo de lo que ofrezca el banco. Averigue sobre la tasa de interés más baja para préstamos. Asegúrese también de que su historial de pago será reportado a las oficinas principales de crédito. Y asegúrese además de que su depósito está ganando intereses y está completamente seguro a menos que deje de pagar el préstamo. También puede hacer eso con ciertas compañías de tarjetas de crédito, tal como se discutirá en la próxima sección.

Si usted no tiene unos 1.000 dólares para dejarlos como garantía, trate de encontrar a alguien, tal vez un pariente, que firme su préstamo junto con usted. Eso significa que esa persona garantiza que usted pagará su préstamo. Entonces el banco comprobará el historial de crédito de su cofirmante y decidirá si aprueba el préstamo. Nuevamente, asegúrese de que el banco envía informes a las oficinas de crédito.

Comience a construir un buen historial de crédito lo más pronto posible. Cada vez que su crédito sea rechazado averigue por qué. ¿Es por su historial de crédito? ¿por sus ingresos, su antigüedad en el trabajo u otra cosa? Llame a las oficinas de crédito y pida una copia de su informe crediticio. El informe es gratis si se pide dentro de los 30 días siguientes a la carta de rechazo.

■ Preguntas:
1. ¿Paga sus cuentas puntualmente?
2. ¿Qué hará para construir un buen historial de crédito?

■ ■ ■

Tarjetas de crédito: bendición y maldición

Cuando se trate de comprar cosas, si puede adoptar la mentalidad de "si no me puedo dar ese lujo no lo quiero", desde un punto de vista financiero va a estar mejor que la mayoría. Es cierto que se endeudará cuando compre una vivienda, tal vez cuando compre un carro, y tendrá otras obligaciones mensuales, tal como lo discutimos anteriormente. Pero trate de no meterse en problemas con tarjetas de crédito.

Las tarjetas de crédito son muy populares en los Estados Unidos porque a los estadounidenses les gusta "comprar ahora y pagar después". Existen muchos tipos de tarjetas de crédito. Visa, MasterCard, American Express y Discover son las principales y sirven para comprar prácticamente de todo y en cualquier lugar. Las tarjetas de crédito de almacenes como Sears, Montgomery Ward y JC Penny's sirven para comprar en esos almacenes. También existen tarjetas de crédito de estaciones de servicio como Exxon, Amoco y Shell para comprar combustible y pagar servicios de reparación de vehículos.

Las tarjetas de crédito más aceptadas son Visa y MasterCard. Algunos de los mayores emisores son *AT&T*, 1-800-662-7759, *Household*, 1-800-477-6000, *Chase Manhattan*, 1-800-482-4273, y *First USA*, 1-800-537-6954. Como recién llegado, tal vez tenga problemas para obtener una de las principales tarjetas de crédito porque no tiene historial de crédito. Si ése es el caso y lo siguen rechazando, tendrá que pedir una tarjeta de crédito "garantizada". Esto significa que usted hará un depósito con el emisor de la tarjeta de crédito, y ese depósito se utilizará como garantía. El monto mínimo del depósito puede ser de 300 dólares y ganará intereses. Ese dinero será retenido en caso de que deje de pagar el monto adeudado en su tarjeta de crédito. Si cierra la cuenta, se le devolverá su depósito y entre el 3 y el 5% de intereses. Los siguientes emisores ofrecen tarjetas de crédito aseguradas: *Chase Manhattan Bank*, 1-800-482-4273, *Orchard Bank*, 1-800-688-6830, *Citibank*, 1-800-743-1332, y *Capital One*, 1-800-333-7116. Verifique sus tasas de cargos anuales y las tasas de interés que pagan por su depósito.

A menudo no sólo es más conveniente pagar con la tarjeta de crédito, sino que además es más seguro. Hace un tiempo trabajé con una compañía que quebró. A los clientes que pagaron con tarjetas de crédito les reembolsaron el 100% de su dinero. Los que pagaron con cheque o efectivo sólo recibieron el 20%.

Las tarjetas de crédito son buenas para establecer un historial de crédito, para hacer reservaciones de viaje, para comprar productos y servicios por teléfono, y son convenientes para no llevar mucho dinero encima. Sin embargo, si usted considera que sus tarjetas de crédito son "dinero gratis" se meterá en grandes problemas financieros.

Si está en problemas, con muchas deudas, con los acreedores llamándolo para que pague, contacte al *Consumer Credit Counseling Service* (CCCS - Servicio de Asesoría de Crédito al Consumidor) de su área. Busque en la guía telefónica la sede más cercana. No espere a que le entreguen sus cuentas a los servicios de cobranza. La CCCS es una agencia sin fines de lucro con más de 850 sedes en los 50 estados. Su único propósito es ayudar a la gente a manejar el pago de sus cuentas y sus problemas monetarios. Por lo general es un servicio gratuito. El CCCS no va a hacer que sus cuentas desaparezcan, pero le planificará un presupuesto que lo ayudará a pagarlas sobre una base aceptable para usted y para sus acreedores.

■ Preguntas:
1. ¿Ha pedido una de las principales tarjetas de crédito?
2. ¿Qué medidas ha tomado para asegurarse de que ni usted ni los miembros de su familia gastarán de más?

COMPRAS MAYORES

Dificultades de Comunicación

Cuando se trata de compras mayores la capacidad de comunicarse resulta irremplazable. No se preocupe si no habla inglés bien, de todos modos puede comunicarse eficazmente. Usted es el cliente. Cualquiera que desee hacer negocios con usted tendrá paciencia, y si no la tiene, vaya a otro lugar.

Siempre que esté frente a otra persona podrá resolver la mayoría de los problemas de comunicación usando señas, gestos, con un diccionario o con la ayuda de otras personas. Generalmente logrará que lo entiendan aunque su inglés sea limitado. Por teléfono es más difícil. Un estadounidense que no lo entienda sencillamente colgará el teléfono.

Si tiene planificada una reunión o quiere hacer una llamada telefónica importante, y su inglés no es bueno, obviamente necesitará la ayuda un pariente o un amigo bilingüe. Si se encuentra en una situación en donde no hay ninguna persona bilingüe que pueda ayudarlo, puede usar el servicio de interpretación que ofrece la AT&T Language Line (Línea de Idiomas de AT&T) en 140 idiomas. Puede utilizar ese servicio utilizando las principales tarjetas de crédito (Visa, MasterCard, American Express, Discover).

Si está tratando de comprar algo, especialmente si se trata de una compra grande, y tiene problemas de comunicación, la persona o compañía que vende el producto puede decidir pagar el servicio de la AT&T. Las compañías de bienes raíces, de préstamos hipotecarios y de automóviles muchas veces se ofrecen a pagar el servicio para captar el cliente. Usted puede hacer la llamada desde allí mismo, simplemente hablará por otra línea de teléfono. Sólo marque el 1-800-528-5888. Tenga preparado lo que va a decir, la tarjeta de crédito y el número al que debe llamar. El servicio está disponible las 24 horas del día sin previa cita y el costo varía entre 4,15 y 7,25 dólares el minuto, dependiendo del idioma seleccionado. Llame al mismo número para obtener detalles específicos y una demostración gratis de cómo es el proceso.

■ Preguntas:
1. ¿Cómo puede prepararse para lograr una comunicación más eficaz?
2. Llame a la AT&T Language Line para obtener una demostración grabada gratis.

■ ■ ■

Los Conceptos Básicos de la Negociación

"La negociación es la forma suprema de comunicación utilizada por una minima cantidad de personas".
- Presidente John F. Kennedy

Un paréntesis humorístico:
El papá: "te pago 50 céntimos si lavas mi carro esta semana, y si lo haces la semana próxima, te pago un dólar."
El hijo: "ah bueno, entonces empiezo la próxima semana."

El lema de la gente exitosa es: "uno no obtiene lo que merece, sino lo que negocia". La mejor manera de definir la negociación es como una comunicación con el propósito de llegar a un acuerdo en donde ambas partes ganen. (Roger Fisher, 1981.) Si en el acuerdo resultante alguien sale perdiendo, la negociación no se considera exitosa. Todo el mundo hace negocio, aunque no lo llamen así. Los hombres de negocio, los políticos, los estudiantes, los compradores, los cónyuges y los niños hacen negocios.

La capacidad de negociación es algo que se valora mucho en Estados Unidos. Si usted puede desarrollar esa destreza, ahorrará dinero, tomará mejores decisiones y tendrá más satisfacciones. Cuando vaya a comprar algo, recuerde que la mayoría de las decisiones se refieren a cosas y no a personas. Puede llegar a ser un gran negociador si confronta las cosas o el problema, pero nunca a las personas. Jamás olvide que la relación con esa persona con la que está negociando es valiosa; puede volver a necesitar de ella. Véase a sí mismo como a un socio, no un adversario. Cuando negocie algo, tenga su plan en mente. Aunque debe comenzar con una actitud confiada y amistosa, salir bien en una negociación requiere un poquito de escepticismo. A menudo es difícil saber si la otra persona está usando alguna treta. Por ejemplo, algunos vendedores de automóviles dicen que van a hablar con el gerente "para tratar de conseguirle el mejor precio", se ocultan por unos minutos y regresan diciendo: "hice todo lo que pude y éste es el mejor precio posible". O puede que regresen con una actitud de "tómelo o déjelo". No se asuste y no ceda.

Aprenda a reconocer cuando el otro está utilizando tretas, pregúntele si desea llegar a un acuerdo justo y negocie a pesar de sus trucos. Si trata de mentiroso a alguien, esa persona se va a aferrar a lo que dijo para probar que no lo es. Si alguien se muestra hostil, pídale su consejo para suavizarlo y busque una opción que sea buena para ambos. Tenga otras posibilidades en mente, de manera que si todo falla, puede marcharse tranquilamente.

Cuando se trata de compras grandes, la clave es comprar lo correcto, de la mejor calidad posible y por el mejor precio posible. Cuando me gradué del college, conseguí un empleo como Compradora para una gran corporación. Tuve que pasar por un largo programa de entrenamiento en donde me enseñaron cómo preparar pedidos para cotización, analizar propuestas y negociar el mejor precio. En lo que se tardaron poco tiempo fue en enseñarme a evaluar la calidad: ahí lo importante era ahorro de costos inmediato. Yo estaba a cargo de comprar servicios temporales y suministros de oficina. Aprendí que el papel barato se atasca en las copiadoras, que los trabajadores temporales mal pagados no asisten al trabajo, que las compañías con suministros a menores precios casi nunca tienen mercancía. Nuestro "ahorro de costos" nos costó mucho dinero. Existe un dicho famoso: "uno obtiene lo que paga". No se vaya por lo más barato. Busque la mejor calidad que pueda pagar.

Si ya sabe lo que va a comprar, si investigó sobre la mejor calidad disponible, y si eso se ajusta a lo que puede pagar (o si espera hasta que lo pueda pagar), su próximo paso es negociar el mejor precio posible. Siempre pida el precio más bajo del artículo de mejor calidad. ¡Tanta gente se olvida de hacerlo! Piensan que si el precio que marca el colchón es 500 dólares, bueno, entonces son 500 dólares. No. Tal vez lo pueda conseguir por 465 dólares, pero nunca lo sabrá a menos que pregunte.

Si tiene más de 60 años de edad puede obtener muchos descuentos para ciudadanos mayores: pídalos. Si es un estudiante, también existen descuentos para usted: pídalos. Si es un profesional independiente, por ejemplo un decorador de interiores, la mayoría de los almacenes que venden lámparas, alfombras, telas, etc. al por menor le darán un descuento gustosamente si les muestra su tarjeta de presentación. Cualquiera que sea su situación, ¿por qué no pedir un descuento?

Cuando vaya a negociar un precio menor o un mejor servicio, la clave está en recordar que nunca debe aceptar un "no" por respuesta de alguien que jamás podría darle un "sí". Es decir, hable con la persona correcta. Aprenda a ser asertivo, no agresivo. Actúe con firmeza, no sea arrogante. Está bien quejarse cuando el servicio ha sido deficiente o el precio es muy alto. Tenga confianza y exija, esperando que la persona correcta le dé lo que usted desea.

■ Preguntas:
1. ¿Ha negociado alguna vez?
2. ¿Qué necesita para comprar pronto y cómo va a negociar?

■ ■ ■

Comprando un Automóvil

Es muy difícil vivir en los Estados Unidos sin un vehículo, porque el transporte público es muy limitado. En algún momento tendrá que comprar uno, pero primero tendrá que obtener su licencia de conducir, si todavía no la tiene.

En todas las oficinas de la Motor Vehicles Administration (MVA, Administración de Vehículos de Motor, también conocida como el Department of Motor Vehicles, DMV) puede conseguir un manual del conductor sin costo alguno. Llame al 1-800-555-1212 y pida el número 800 de la Motor Vehicle's Administration Information" de su estado. Llame a ese número 800 para saber cuál es el lugar más cercano para obtener el manual del conductor, lo que debe hacer exactamente para obtener su licencia y si el examen sobre leyes de tránsito está disponible en su idioma. Obtenga el manual y apréndase las reglas de tránsito. Cuando sienta que ya está listo para presentar el examen, diríjase a la MVA. Lleve su pasaporte, la licencia de conducir de su país si la tiene, y cualquier otra identificación que tenga (como la tarjeta del seguro social o cualquier otro documento con su firma). Puede obtener su licencia de conducir hasta con una visa de turista.

Para obtener la licencia tal vez tenga que asistir a un curso de 3 horas sobre drogas y alcohol, pasar un examen de la vista, el examen teórico sobre leyes de tránsito y una prueba de manejo. Todo eso le costará alrededor de

40 dólares. El examen sobre las leyes de tránsito está disponible en muchos idiomas, no sólo en inglés. En Maryland, por ejemplo, está disponible en español, coreano, ruso y polaco. También hay traductores que ayudan a resolver las dudas en muchos idiomas. Pero siempre que vaya a la MVA, ya sea para obtener su licencia, para registrar su automóvil o por cualquier otro servicio, lleve a un amigo o familiar. No se sorprenda si están tan perdidos como usted. Por supuesto, que su amigo no podrá hacer las veces de traductor en ninguna de las pruebas. Tiene que hacerlas solo. Es común no aprobar el examen la primera vez. No se sienta mal si ese es el caso. Inténtelo de nuevo y en algún momento lo logrará.

Qué bien. Obtuvo su licencia, ahorró algún dinero y ahora está listo para comprarse el auto. A menos que sepa exactamente lo que quiere, y cuente con mucho dinero, lo más inteligente no es comenzar a visitar lotes de exhibición con automóviles nuevos y relucientes, sino ir a la biblioteca. Diríjase a la sección de revistas y busque la publicación Consumer Reports (Informaciones para el Consumidor). Busque las publicaciones donde se analizan y evalúan vehículos nuevos y usados. En el número de abril se evalúa muchos automóviles.

Los automóviles nuevos pierden aproximadamente el 20% de su valor durante el primer año, de manera que su mejor avalúo será un buen automóvil usado. Los Consumer Reports tienen listas de precios, evalúan los récords de mantenimiento y hacen recomendaciones sobre las mejores compras. Si decide comprar o arrendar un automóvil nuevo, el vendedor se encargará de gran parte del papeleo, pues ese servicio está incluido en el precio del vehículo. Si decide comprar un automóvil usado, tendrá que ocuparse de una mayor cantidad de cosas.

Digamos que decide comprar un vehículo usado. Una vez en la biblioteca diríjase a la mesa de información y pida el "blue book" sobre automóviles. Se trata de un folleto donde está el precio oficial de todos los automóviles disponibles, por fabricante y por año. También ofrece una lista de las opciones disponibles y muestra el valor aceptado como pago parcial, el valor del préstamo bancario, y el valor al por menor. (Pídale al bibliotecario que le muestre todos los números de este folleto.) No olvide que los autos pequeños o medianos de cuatro puertas por lo general son menos costosos que los modelos deportivos de alto desempeño, y con seguridad las tasas de la póliza serán más bajas.

Cuando ya haya seleccionado algunas buenas opciones, comience a visitar concesionarios o a llamar a los dueños de vehículos que publican avisos en la sección "Classified" (clasificados) del periódico. Usted sabe lo que está buscando y lo que puede pagar. Cuando vea los automóviles que está buscando, pruébelos y revíselos de arriba a abajo. Cuando encuentre un automóvil que le guste, pregunte si puede llevarlo hasta el mecánico para una inspección completa. Si lo lleva más bien a una estación de servicio autorizada para realizar inspecciones estatales, y si el automóvil cumple los requisitos, obtendrá un certificado que de todos modos va a necesitar cuando vaya a registrar el vehículo. Una inspección estatal cuesta unos 50 dólares. Muchas personas dan este paso después de comprar el automóvil, y se llevan algunas sorpresas. Mande a inspeccionar el automóvil antes de comprarlo. Cualquier problema que encuentre el mecánico puede servirle para negociar el precio. Llame a la U.S. Department of Transportation Auto Safety Hot-Line , teléfono 1-800-424-9393, y ellos le dirán si el fabricante alguna vez pidió que el automóvil fuera "recalled", es decir, que fuera devuelto a la fábrica para hacerle reparaciones ¿Se hicieron las reparaciones?

Otro mercado de automóviles son las subastas. Muchas veces la gente no se entera de su existencia, pero se realizan en días específicos y se anuncian en la prensa local. La mayoría puede enviarle sus folletos, donde aparecen sus diferentes reglas y procedimientos. Comprar en subastas puede ser el método menos costoso, pero también el más arriesgado. Generalmente los automóviles se venden "como están", lo que significa "lléveselo con todo y sus problemas". Si sabe mucho sobre automóviles y tiene poco dinero, tal vez le convenga investigar cómo se compra en una subasta.

Vamos a suponer que encontró el automóvil que quería, lo inspeccionó, negoció el precio utilizando lo que aprendió en sus investigaciones en la biblioteca y lo pagó en efectivo o logró obtener un préstamo para comprarlo. ¿Qué tiene que hacer ahora? Tiene que ocuparse del papeleo. ¡De regreso a la MVA! Si le compró el automóvil a un concesionario, allí lo ayudarán con parte del papeleo. Sea como sea, los documentos que generalmente necesitará para registrar el carro a su nombre y para que pueda circular son los siguientes:

1) Garantía provisional de seguro (Insurance binder) - busque la mejor póliza de seguros (vea la sección Seguros). Una vez que haya elegido la compañía de seguros, ésta le enviará una garantía provisional (que prueba que su vehículo está asegurado).
2) Certificado de inspección estatal (State inspection certificate) - si compró un automóvil usado y todavía no lo ha llevado a inspeccionar, tiene que hacerlo. Le costará unos 50 dólares (en algunos estados algo más) y tomará un par de horas. Si en la revisión encuentran algo defectuoso, tendrá que arreglarlo para poder obtener el certificado de inspección. Generalmente este certificado es válido por tres meses, y ese tiempo debería ser suficiente para que registre su vehículo.
3) Título Original (Original title) - éste documento debe venir de la

persona que le vendió el auto, y prueba que ahora usted es el propietario. No se aceptan copias.
4) Declaración federal de la lectura del odómetro (Federal odometer reading statement) - muestra las millas recorridas para el momento en que el vehículo se transfiere de un propietario al otro. Generalmente se encuentra en la parte de atrás del título.
5) El documento de venta original (Original bill of sale) - este documento muestra el precio que usted pagó por el vehículo, y debe tener la firma del vendedor. Se utiliza para determinar el impuesto a las ventas. Por ejemplo, supongamos que le compró el auto a una señora en Maryland y le pagó 3.500 dólares. Esa señora tendrá que escribir un documento de venta declarando que le vendió el automóvil por ese monto, o también la MVA puede proporcionarle un comprobante de venta en blanco (tal vez deba notariarlo. La mayoría de los bancos suministran servicios de notaría.) La MVA le va a pedir que pague un impuesto a las ventas del 5%, que en este caso serían 175 dólares. Tal vez también tenga que pagar otros 100 dólares para cubrir los honorarios por el título, las placas y el registro del vehículo.

No deje de llamar a la oficina local de la MVA para verificar la documentación que necesita, ya que los requerimientos cambian y además varían de un estado a otro. Cuando vaya para la MVA, recuerde llevar todos los documentos exigidos y su chequera o dinero en efectivo para completar el registro del automóvil. Al llegar a la MVA diríjase al área de información. Generalmente allí hay alguien que le indicará qué fila debe hacer. No llene ningún formulario hasta que sepa qué escribir. Si compró el automóvil con un préstamo bancario, necesitará la dirección del banco. El banco se convierte en el "lien holder" o tenedor del título. Esto significa que usted no es el dueño del automóvil mientras no le haya pagado todo al banco.

Una observación final sobre compras de vehículos con un préstamo bancario. Muchas personas lo hacen y es perfectamente aceptable, pero tenga en cuenta que ésa es una deuda que no debe aplazar ni pagar con atraso. No sólo porque dañaría su historial de crédito, sino porque además algunos bancos le quitarán el automóvil si no se les paga dentro de los 30 días siguientes a la fecha de pago, y ni siquiera tienen que darle un aviso.

■ Preguntas:
1. ¿Qué tipo de automóvil desea comprar?
2. ¿Qué debe hacer para que su auto pueda circular legalmente?

Comprando Seguros

Comprar un seguro puede ser muy enrevesado. De acuerdo con la National Insurance Consumer Helpline (NICH - Línea de Ayuda Nacional para el Comprador de Seguros), el 90% de los estadounidenses se equivocó al elegir el tipo de seguro o el tipo de cobertura que compró. Muchas personas descubren años más tarde que han estado pagando pólizas que le brindan una cobertura innecesaria o insuficiente. Llame a la NICH al 1-800-942-4242 y pregunte por el número de teléfono local del State Insurance Department. Esta institución puede enviarle una publicación con los precios de las diferentes compañías aseguradoras para pólizas de vivienda o de automóviles. Esa comparación le será útil cuando esté buscando cotizaciones.

Existe una póliza de seguro prácticamente para cualquier cosa. Más adelante describiremos las seis principales coberturas de seguros que debe conocer, es decir la póliza de automóviles, la póliza de inquilino, la de vivienda, la póliza de servicios médicos, la de invalidez y la póliza de vida. Esta exposición es muy breve. Cuando vaya a comprar seguros, entienda bien lo que cada póliza incluye y lo que no. Lea todo cuidadosamente. Pregúntele a su familia y a sus amigos qué compañías de seguros utilizan. Para obtener descuentos tome diferentes pólizas con la misma compañía, por ejemplo una póliza para el automóvil y una póliza de inquilino.

♦ La póliza de automóvil

La ley exige que todos los propietarios de vehículos tengan asegurado su automóvil. De esa forma tanto su auto como el del otro conductor están amparados en caso de accidente. Llame al State Insurance Department para que obtenga la publicación que muestra los precios que cobran las diferentes compañías aseguradoras. Llame luego a algunas de esas compañías para que le hagan una cotización; para eso deberá decirles el año, la marca, el modelo y el número de identificación de su vehículo. La compañía le va a preguntar también cuántas millas piensa manejar al año, su edad, su dirección, su historial de accidentes previos y quién es su empleador.

Mientras más cerca de la ciudad viva, más costosas serán las primas de seguro, ya que existe una mayor posibilidad de accidentes, vandalismo y delincuencia. Cuando llame para pedir cotizaciones, todo lo que diga va a quedar registrado en el computador, así que no cambie la información más adelante, por ejemplo lo referente a la cantidad de millas que piensa manejar o su historial de accidentes previos. Eso puede despertar sospechas y le cotizarían una tasa más alta. Los precios de las pólizas varían entre 700 y unos cuantos miles de dólares al año. No tiene que pagarlo todo de una vez, puede hacerlo en varias cuotas mensuales. Muchas veces es posible conseguir descuentos si el auto tiene dispositivos contra robos, si su récord de manejo es bueno, si tiene buenas calificaciones en caso de ser estudiante, si es casado, si el auto no es un modelo deportivo, si tiene un "airbag" (bolsa de aire de seguridad), y muchas otras cosas. Nunca deje de preguntar.

Las compañías más grandes por lo general son las que ofrecen las mejores tasas. Llame a GEICO, teléfono 1-800-841-3000, y pida dos cotizaciones: el seguro mínimo requerido por la ley y el seguro recomendado. Otras compañías importantes son Aetna, Allstate y State Farm. Recurra a las páginas amarillas del directorio telefónico y busque las oficinas locales bajo "insurance" (seguros). Es posible que durante sus primeros años en este país lo clasifiquen en una categoría de "alto riesgo", y tendrá que pagar tasas más altas. Pregunte cuándo puede obtener una disminución de la tasa si mantiene un buen récord de manejo. Como siempre, si tiene problemas para comunicarse en inglés, pídale a un amigo bilingüe que lo ayude. En muchos casos la cobertura puede comenzar el mismo día, con la llamada telefónica. Sin importar la póliza que escoja, ésta tendrá un deducible, es decir un mínimo que tendrá que pagar de su bolsillo por cada reclamo. Por ejemplo, si su deducible son 250 dólares, y choca otro automóvil ocasionando daños por 450 dólares, deberá pagar 250 dólares y su seguro pagará 200 dólares. Mientras más bajo sea el deducible, más tendrá que pagar para estar asegurado.

Si un amigo le presta su auto, el vehículo sigue estando asegurado, pero si usted causa un accidente, la compañía aseguradora puede exigir que no vuelva a manejar ese automóvil, o es posible que no cubran reclamos futuros si los causa usted.

♦ La póliza de inquilino

Es altamente recomendable que todo arrendatario tenga su póliza de inquilino para reemplazar pertenencias en caso de robo, incendio o cualquier otro incidente. Ese seguro puede costar alrededor de 100 dólares al año. Las pólizas de seguro para propietarios e inquilinos protegen sus pertenencias dentro y fuera del hogar. Yo recuperé casi todo lo que me costó mi póliza cuando abrieron mi auto y me robaron mi portafolio. La póliza de inquilino es barata y vale la pena. Generalmente hay que pagar algo extra para proteger joyas, pieles, equipos de computación, y otras cosas costosas. Siempre es una buena idea grabar o fotografiar todas sus pertenencias y guardar los archivos en una caja de seguridad de su banco.

♦ La póliza de vivienda

La póliza de vivienda funciona básicamente de la misma manera que la póliza de inquilino, y se le exige a todos los propietarios de vivienda. Esta póliza lo protege a usted y a la entidad que le otorgó el préstamo hipotecario en caso de que su vivienda sea destruida por un incendio o cualquier otra catástrofe. Debe obtener una póliza que le dé una cobertura de costo de reposición (replacement cost). Para una vivienda de 100.000 dólares, el seguro puede costar alrededor de 200 dólares al año. Generalmente puede obtener un descuento si compra juntos su seguro de vivienda (o de inquilino) y el seguro de su automóvil.

♦ La póliza de servicios médicos

A diferencia de muchos países, Estados Unidos no cuenta con un plan nacional de salud que cubra a todos los ciudadanos. El seguro médico es crucial. Cualquier emergencia grave en su familia puede dejarlo en la ruina. Si su patrón no le proporciona un seguro médico, tendrá que comprar una póliza por su cuenta. Dependiendo de su estado de salud, considere la posibilidad de comprar una póliza con un deducible alto (es decir, el monto que debe pagar cada año antes de que el seguro entre en vigencia). De esa manera tendrá cubiertos al menos los gastos médicos elevados y sus primas mensuales serán más bajas. Por ejemplo, un deducible de 100 dólares para un plan familiar puede requerir pagos de 375 dólares mensuales, mientras que un deducible de 5.000 dólares costaría sólo 130 dólares al mes. También puede tener un deducible alto para usted y uno más bajo para sus hijos. Blue Cross/Blue Shield es un proveedor de seguros que ofrece planes diferentes para los distintos miembros de la familia. Entienda que sin algún tipo de seguro médico es posible que tenga que pagar los servicios médicos por adelantado o no lo atenderán.

♦ La póliza de invalidez o incapacidad

Se recomienda mucho tener una póliza de invalidez a fin de generar algún ingreso en caso de quedar inválido o incapacitado para trabajar. Las probabilidades de que quede inválido son mucho mayores que las probabilidades de que muera prematuramente. Obtenga una póliza de invalidez que pague beneficios hasta que pueda volver a su ocupación específica. El costo va a depender de su edad, del tipo de trabajo que realiza, de si es o no fumador y de otros factores. Puede que el Seguro Social también pague beneficios si usted queda gravemente incapacitado.

♦ La póliza de vida

La póliza de vida es muy aconsejable si usted es la principal fuente de ingresos de su familia. Si su cónyuge también tiene un buen ingreso puede posponer la compra de este seguro para ahorrar dinero. La póliza de vida se le pagará a su familia si usted fallece. Probablemente se debería llamar póliza de "muerte" en lugar de póliza de vida.

A menudo es mejor comprar lo que llaman póliza temporal ("term" policy) en lugar de una póliza para "toda la vida" (whole-life policy). Por una póliza de 100.000 dólares, puede pagar entre 130 y 700 dólares al año, dependiendo de su edad, de si es fumador, etc. Si usted es la única fuente de ingresos de su familia y fallece, es necesario que su familia reciba al menos 5 veces su ingreso anual. Con menos que eso, y sin ninguna otra entrada regular, será muy difícil que su familia soporte la tragedia desde un punto de vista financiero. Existen dos compañías recomendadas que venden seguros por teléfono: USAA Life, 1-800-531-8000, y Ameritas, 1-800-552-3553. Antes de comprar y de firmar cualquier cosa, verifique la clasificación actual de su compañía de seguros llamando a Standard & Poor (S&P) al 1-212-208-1527, o a Moody, al 1-212-553-0377. Busque una compañía con clasificación "A". Evite las que estén por debajo de "B". También hay organizaciones que ayudan a responder un montón de preguntas, por ejemplo, la American Council of Life Insurance, 1-202-624-2000. Llame a InsuranceQuote al 1-800-972-1104, y a SelectQuote al 1-800-343-1985, para obtener información gratuita sobre seguros de vida temporales de bajo costo.

Comprar seguros realmente puede llegar a costar bastante dinero. Considere su realidad y compre lo más necesario. A medida que vaya mejorando su situación financiera, compre lo que pueda para protegerse a sí mismo y a su familia.

■ Preguntas:
1. ¿Qué tipo de seguro necesita en este momento?
2. ¿Qué investigación va a hacer para obtener el seguro adecuado a un precio justo?

■ ■ ■

Comprando una Computadora

En los Estados Unidos se venden muchas más computadoras que televisores. En la sección "Educación" hablamos ya de la importancia de tener conocimientos de computación y acceso a Internet. Si todavía no tiene una computadora, es muy probable que compre una en el futuro cercano, así que la cuestión no es si va a comprar una computadora o no, sino qué tipo de computadora va a comprar.

La tecnología de la computación cambia muy rápidamente, pero los requerimientos mínimos que debe tener una computadora para la mayoría de los usos personales, para una pequeña empresa y para tener acceso a Internet son: un Procesador Pentium de 100 megahertz o más, 16 MB en RAM, un disco duro de 1000 MB, una unidad de CD-ROM, 1 MB de memoria de video, tarjeta de sonido, un monitor VGA, ratón ("mouse"), un módem de 28.8 o más rápido, y que tenga Windows y algunos otros programas instalados. Por menos de 2.000 dólares puede comprar este tipo de sistema más una impresora de inyección de tinta. Vea en los *Consumer Reports* de la biblioteca la clasificación de las computadoras e impresoras.

Muchas tiendas de computadoras ofrecen financiamiento. Tal vez le pidan alguna de las principales tarjetas de crédito. Muchas veces anuncian en la prensa sus descuentos y opciones de financiamiento. Sin importar lo que ofrezcan, puede negociar y lograr un precio menor, disquetes gratis o algún programa. Algunos vendedores de computadoras venden por comisión.

Si entiende los conceptos básicos, y sabe exactamente lo que quiere comprar, puede ahorrarse mucho dinero comprando una computadora usada. Tal vez sólo tenga que pagar unos 800 dólares por el mismo sistema que describimos anteriormente, menos la impresora. Un proveedor de computadoras usadas muy popular es American Computer Exchange en Atlanta, GA, 1-800-786-0717. Tendrá que pagar unos 40 dólares por el envío, armar el sistema usted mismo, y aceptar el hecho de que no tendrá servicio de garantía.

- Preguntas:
1. ¿Qué tiendas de computadoras hay en su área y qué descuento ofrecen?
2. ¿Tiene un amigo que pueda ayudarlo con la compra e instalación de la computadora?

■ ■ ■

Poseer un pedazo de Estados Unidos: el hogar

Sólo porque acaba de llegar a Estados Unidos no se salte esta sección. Tal vez piense que comprar una casa está completamente fuera de su alcance en estos momentos. Sin embargo, tiene que empezar a prepararse. Existen algunas cosas que puede hacer ahora para estar listo a comprar su vivienda más adelante. Habrá avanzado mucho camino si entiende el proceso desde ahora.

Cuando llegamos a los Estados Unidos en 1972, mi familia y yo vivimos en apartamentos alquilados, a veces hasta amoblados. Nos mudábamos adonde mis padres encontraban empleo, así que preferíamos viajar ligeros, no queríamos apegarnos a un montón de muebles o a un lugar específico. Esa puede ser una buena estrategia para cualquier inmigrante durante los primeros años.

Pero una vez que usted se convierte en un residente permanente en los Estados Unidos y encuentra el empleo y el sitio correctos, probablemente querrá comprar una vivienda. Muchos estadounidenses piensan que tener vivienda propia es un signo de éxito personal y financiero, algo que brinda una sensación de pertenencia y seguridad. Cuando compra una vivienda, obtiene beneficios fiscales, está invirtiendo su dinero, y tiene la satisfacción de poseer un pedazo de Estados Unidos. ¿Que por dónde debe empezar? Bueno, nuevamente necesita información.

♦ **La información es gratuita**

Además de su visita usual a la biblioteca local, existen organizaciones interesadas en ayudarlo. Una de esas organizaciones es la Fannie Mae Foundation. Entre otras actividades, esta Fundación tiende una mano a los inmigrantes dándoles información sobre adquisición de viviendas, y está dispuesta a ayudar a los compradores nuevos como usted. Puede llamar a la Fannie Mae Foundation al 1-800-688-4663; dígales que va a comprar vivienda por primera vez y pídales que le envíen el folleto gratuito, *Opening the Door to a Home of Your Own* (*Abriendo la Puerta de su Propio Hogar*). Este folleto está disponible en inglés, español, coreano, chino, vietnamita, ruso, polaco, portugués y creole haitiano. La Fundación le enviará una guía más una lista de los prestamistas y asesores de vivienda locales que pueden ayudarlo a empezar. Para conseguir asesores que hablen español llame al 1-800-782-2729. Para una guía sobre cómo convertirse en ciudadano estadounidense y cómo tener vivienda propia pida *The New Americans Guide*. Llame al 1-800-544-9213 para la versión en inglés y al 1-800-693-7557 para la versión en español (*Guía Para Nuevos Americanos*). La Fannie Mae Foundation también puede contactar a la AT&T Language Line para servicios de interpretación en otros idiomas (véase la sección de Dificultades de Comunicación).

♦ **El proceso de comprar vivienda**

Hablaremos brevemente del proceso para comprar una vivienda. La compra de una vivienda se considera una compra de bienes raíces (de "real estate" en inglés); ése es un término que va a escuchar con frecuencia. Existen compañías inmobiliarias que emplean agentes de bienes raíces para ayudar a sus clientes a encontrar una vivienda a su gusto y que se ajuste a su presupuesto. En general venden casas usadas o viviendas en reventa. Si está interesado en una casa recién construida, puede hablar directamente con un representante del constructor. Seguramente puede obtener una *New Homes Guide* (*Guía de Viviendas Nuevas*) en su supermercado local, además, la mayoría de los constructores anuncian sus obras en los periódicos locales, casi siempre en la edición del fin de semana. Como comprador nuevo seguramente va a necesitar la ayuda de un agente de bienes raíces bien informado o del representante de ventas del constructor. Los agentes de bienes raíces deben tener una licencia, mientras que los representantes de ventas del constructor muchas veces no la tienen, ya que sólo representan la propiedad de su patrón. Ambos trabajan generalmente por comisión, es decir que si no venden la vivienda no ganan ningún dinero. Así que no olvide que aunque les pida ayuda, el agente o el representante de ventas siempre van a considerar primero los intereses del que vende la propiedad, ya que esa persona es la que les paga la comisión. Discutamos ahora el proceso normal para comprar una vivienda.

Digamos que usted decide comprar una vivienda a unas 30 millas de la ciudad, en una urbanización agradable y con buenas escuelas. Va a una agencia de bienes raíces y habla con un agente sobre el tipo de vivienda que está buscado, dónde la quiere, de cuántas habitaciones, de cuántos baños, con cuánto terreno, el precio aproximado, etc. El agente de bienes raíces busca entonces en el computador una lista de las viviendas disponibles con esas especificaciones, en el lugar que usted desea, y dentro de los precios que especificó.

Probablemente el agente de bienes raíces lo va a "precalificar" antes de mostrarle todas las opciones. "Precalificar" significa hacerle algunas preguntas sobre cuánto gana, desde cuándo tiene ese empleo, qué deudas tiene, de cuánto efectivo dispone para darlo como cuota inicial de un préstamo (el efectivo inicial exigido puede ser apenas el 2% del precio total). También sería conveniente que lo precalificara un acreedor hipotecario para que sepa cuánto puede gastar.

Tal vez le molesten las preguntas personales que van a hacerle los agentes y prestamistas, pero cuando finalmente escoja una vivienda y quiera cerrar el trato, toda su historia financiera tendrá que saberse. No es porque usted sea extranjero: todo el que no pague en efectivo el precio completo de la vivienda tiene que pasar por ese proceso. La compra de una vivienda probablemente sea la adquisición más costosa que haga cualquier persona. Si alguien le pidiera un préstamo cuantioso, ¿no querría saber todo sobre esa persona?

Después de su precalificación, el agente de bienes raíces seguramente fijará los días en que irán a ver las viviendas que llenan sus requerimientos: entonces es cuando tiene que estar bien consciente de que el agente trabaja para el vendedor, es decir, para el propietario de la casa que están viendo. Si le gusta esa casa en particular, no lo demuestre, porque así no podrá negociar mucho el precio. Siempre es mejor ser objetivo, buscar los defectos, utilizarlos para negociar, y actuar como si la casa no le interesara demasiado. Cuando visite varias casas, verifique siempre con el agente qué es lo que se queda y qué se va. Por ejemplo, tal vez el actual propietario va a llevarse la lavadora y la secadora, pero el columpio que está en el patio se queda. Averigüe exactamente qué es lo que incluye el precio. Si es posible hable también con el dueño actual y pregúntele por qué está vendiendo la casa, si la vecindad se está deteriorando, si hay problemas con la casa. No tema preguntar.

Cuando se trata de casas recién construidas a veces no es posible negociar el precio de venta, pero puede pedir que añadan alfombras de mejor calidad, un timbre gratis, una ventana adicional, o cualquier otra cosa que le guste. Con preguntar no pierde nada. Si se trata de casas en reventa el precio nominal que pide el vendedor generalmente es flexible. Negociar vale la pena.

Digamos que encontró una casa en reventa que le gusta. No le diga al agente: "ésta es la casa que vamos a comprar". Usted puede hacer una oferta por un precio menor al precio de venta, y dependiendo además del resultado de una inspección profesional. Es muy aconsejable invertir unos 200 dólares en mandar a inspeccionar la casa antes de comprarla, especialmente si es una casa vieja. También puede hacer una oferta condicionada a otros beneficios, por ejemplo, que el que vende repare el grifo que gotea o que deje la lavadora y la secadora. El agente de bienes raíces lo anotará todo, le presentará su oferta al vendedor y usualmente al día siguiente le dirá si la oferta fue aceptada o rechazada. Si su oferta es irrazonable, seguramente será rechazada. Si quiere esa casa, sea razonable.

◆ **Buscando un Préstamo Hipotecario**

¡El vendedor aceptó su oferta! ¿Ya la casa es suya? No, todavía no. Ahora tienen que aprobarle oficialmente el préstamo hipotecario. Este es un préstamo que generalmente se paga en cuotas mensuales durante 15 o 30 años. Los constructores de vivienda, los bancos, entidades de crédito, acreedores hipotecarios y entidades gubernamentales, tienen diferentes programas de financiamiento, especialmente para personas que van a comprar vivienda por primera vez. Busque. Los prestamistas están interesados en hacer negocio con usted. Una opción de hipoteca que puede considerar es el préstamo garantizado de la Federal Housing Administration (Administración Federal de Vivienda), generalmente conocido como "FHA loan". Casi siempre es más fácil calificar para este préstamo, sólo necesita pagar una cuota inicial del 2¼%, y además pueden ofrecerle ayuda para los gastos de cierre del trato. Lo utilizan mucho los compradores nuevos para préstamos inferiores a 151.725 dólares (esta cifra puede variar). El FHA permite que utilice el 29% de su ingreso mensual bruto en gastos del hogar y el 41% en el pago de deudas totales a largo plazo. De manera que si los ingresos combinados de su familia ascienden a 2.500 dólares mensuales, usted debería calificar para una hipoteca de 725 dólares al mes, y con 300 dólares autorizados para otras deudas (como préstamos estudiantiles, tarjetas de crédito o el préstamo para el automóvil).

Otra opción para compradores de vivienda con un ingreso bajo o moderado es el Fannie Mae's Comunity Home Buyer's Program (CHBP). Este programa exige cuotas iniciales más bajas, menores gastos de cierre que además pueden obtenerse en préstamo, e historiales de crédito provenientes de fuentes diferentes a las agencias de informes de crédito. Así que digamos que la casa de sus sueños cuesta 125.000 dólares: va a pagar entonces unos 3.000 dólares como cuota inicial, entre 2.000 y 5.000 dólares en gastos de cierre del trato, y si la tasa de interés para el préstamo es 7,5%, aproximadamente 900 dólares mensuales por 30 años en pagos con el seguro hipotecario.

Tendrá que demostrar que tiene ingresos suficientes para pagar la vivienda que quiere comprar. Busque hasta encontrar la hipoteca que más le conviene y podrá conseguir tasas de interés más bajas y un acuerdo menos costoso. Los prestamistas anuncian sus servicios en la prensa y también puede usar el listado que envía Fannie Mae. Como un comprador inteligente, probablemente adquirirá una vivienda que esté "por debajo de lo que puede pagar", es decir que gastará un poco menos de lo que realmente puede pagar, para no tener que vivir contando los días que faltan para el próximo cheque de pago.

Si acaba de llegar a este país lo más seguro es que tenga un historial de crédito muy limitado, si es que lo tiene. Los prestamistas hipotecarios van a tener que crearle uno, y eso lo harán verificando cómo ha pagado su alquiler, su factura telefónica, la cuenta de electricidad, y cualquier otro préstamo que haya adquirido. Por eso es tan importante que pague sus cuentas a tiempo y que guarde los recibos. Quizás los prestamistas también le pidan que presente referencias de su patrono, de familiares o de amigos. Es porque quieren saber a qué categoría de riesgo pertenece usted.

Después de que hayan aprobado su préstamo hipotecario, fijarán una fecha para reunirse a cerrar el acuerdo, es decir, la transferencia final del título y del dinero. Mucho antes de esa fecha le dirán todo lo que tiene que hacer. Comprar una vivienda es un negocio que está altamente regulado en los Estados Unidos, así que habrá mucho papeleo. Necesitará la póliza de propietario de viviendas. Escuchará palabras como "property tax" (impuesto a la propiedad), "points" (puntos), "mortgage insurance" (seguro hipotecario), "tittle insurance" (seguro de título), "escrow" (en custodia), "homeowner's association fees" (honorarios de asociación del propietario de vivienda). Todos son términos normales y se los van a explicar, pero claro que usted estará preparado con su propia investigación y hará muchas preguntas.

A menudo el proceso para comprar una vivienda es complicado. Amerita una investigación cuidadosa y una toma de decisión inteligente. Sin embargo, poseer una vivienda en el lugar adecuado será una de las experiencias más satisfactorias que va a tener en los Estados Unidos. Planifíquelo ahora y hágalo correctamente.

■ Preguntas:
1. ¿Qué va a hacer desde ahora para construir su historial de crédito y para mejorar sus probabilidades de calificar para una hipoteca en el futuro?
2. ¿Pidió ya los folletos gratuitos de la Fannie Mae Foundation?

PREPARÁNDOSE PARA LA PROFESIÓN CORRECTA

Un Tercio de su Vida

"No sea bueno nada más, sea bueno para algo".
- Henry David Thoreau

La mayoría de la gente pasa más tiempo planificando sus vacaciones que planificando su vida. Por ejemplo, veamos las cosas típicas que hace cualquier persona que viene a Estados Unidos por primera vez. Antes de venir, esa persona seguramente hablará con sus parientes, ahorrará dinero, elegirá lo que le gustaría ver, pondrá al día todos sus documentos, leerá algunas guías turísticas y empacará cuidadosamente, asegurándose de que no se le olvide nada. Va a invertir mucho tiempo y energía preparándose. Ahora, ¿la mayoría de las personas hace eso con su vida en general? Desgraciadamente no.

Un tercio de la vida de una persona transcurre en algún tipo de trabajo. ¿No tiene sentido que uno piense bien lo que quiere hacer en la vida? El trabajo puede ser remunerado o no, dentro del hogar o fuera de él, pero para obtener la mayor satisfacción en la vida, <u>uno tiene que sentirse más entusiasmado por el trabajo que realiza en sí, que por el título de su posición</u>. El que no encuentre ese tipo de satisfacción en su trabajo con frecuencia se sentirá aburrido y frustrado, estará pendiente del reloj y soñará con los fines de semana.

A cuatro de cada cinco personas en los Estados Unidos les disgusta su trabajo (William Bridges, 1994.) Las razones para ello pueden ser muchas. Por ejemplo, algunos tienen miedo de cambiarse a un trabajo más adecuado. Otros no desean obtener la educación que hace falta para un nuevo empleo. Hay quienes se sienten demasiado atrapados por sus obligaciones financieras para cambiarse a un trabajo que pagaría menos, pero que disfrutarían más. Algunos están apegados a sus compañeros de trabajo o a ciertos beneficios de sus empleos.

Para probar si tiene la ocupación correcta, pregúntese si el 80% del tiempo está contento con lo que hace. En todo trabajo habrá algún requerimiento que no le guste, pero si la mayor parte del tiempo le complace lo que hace, tendrá éxito en su labor. La persona que permanece en un empleo donde no se aprovechan sus dotes se sentirá miserable eventualmente. Será infeliz ocho horas diarias, y otra hora o más que con seguridad pasará manejando a través del tráfico. Restando otras ocho horas que pasa durmiendo, ¿cuánto le queda para tener una vida realmente satisfactoria? Dedique sus energías a buscar un trabajo que le satisfaga y que aproveche sus destrezas y talentos.

Es comprensible que como recién llegado a los Estados Unidos tenga que contentarse con cualquier trabajo disponible, sólo para sobrevivir. Ojalá se trate de una situación temporal. Su meta debe ser conseguir su próximo empleo y el que le sigue, hasta que encuentre uno que le satisfaga y que tenga significado para usted. ¿Por qué? Bueno, nuevamente, para vivir una vida de calidad, que es la razón por la que se vino a los Estados Unidos.

Cierto inmigrante lo resumió todo así: "Si les dices a tus nietos que tu mayor logro fue venir a los Estados Unidos probablemente no se van a impresionar, más bien te van a preguntar: ¿y que hiciste después?"

En esta sección exploraremos los pasos a seguir para escoger el empleo correcto, el que nos dará las mayores satisfacciones. Se trata de un proceso de tres pasos: 1) reflexionar sobre las áreas básicas de la vida; 2) identificar un sueño que se adapte a nuestras destrezas y personalidad; 3) fijarnos metas y pasos que nos lleven progresivamente a alcanzar ese sueño.

■ Preguntas:
1. ¿Es importante para usted disfrutar su trabajo?
2. ¿Utiliza sus destrezas y talentos en su empleo actual?

¿Cuál es su Propósito?

Una persona que no tiene idea de cuál es su propósito en la vida es como un turista que siempre se baja en la estación de tren equivocada: llegará a algún lugar, pero ese no es el lugar correcto. Su meta debe ser obtener el control de su vida. Tal vez su propósito sea obvio para usted, pero si no lo es, debe empezar a pensarlo y analizarlo.

Cuando empiece a meditar sobre el propósito de su vida, considere primero las cuatro áreas básicas de la vida: la familia, la profesión, el servicio público y la religión. (Peter McWilliams, 1991.) La vida de la mayoría de las personas encaja en alguna de estas cuatro áreas generales. Puede pasar algún tiempo en cada una de ellas, pero cuando considere su propósito central, el que será la brújula de su vida, es bueno que centre su atención en una sola de estas áreas. ¿Cómo saber qué área es a la que usted da mayor importancia? Descubriendo la que le motiva más o en la que usted piensa a menudo.

Una vez que haya seleccionado el área central de vida, estará en condiciones de encontrar su verdadero propósito. Cuídese de las intenciones erróneas, porque pueden llevarlo por un camino equivocado. Descubra sus intenciones latentes. Por ejemplo, si le llama la atención el área de la familia y decide que su propósito es casarse y tener tres hijos saludables y felices, está bien. Pero si su intención oculta es encontrar un marido rico para no tener que trabajar e impresionar a los amigos, va a tener problemas.

Sólo encontrará su propósito verdadero en la vida con intenciones buenas, nobles y honestas. Aquí tiene algunos ejemplos: entretener a los demás, enseñar a los demás, mejorar su ciudad, servir a Dios, curar a la gente, hacer un mejor producto o servicio, criar hijos, mantener segura su comunidad. Muchas personas deciden que su propósito es "ayudar a los demás". Eso es muy general. Fíjese que en todos los ejemplos anteriores es posible ayudar a otros. <u>Un propósito más específico y conciso será una mejor brújula para su vida.</u>

¿Se está preguntando si divertirse y disfrutar es un buen propósito? Bueno, piénselo. Divertirse brinda nada más una satisfacción de corto plazo. En algún momento se aburrirá o se cansará de estar siempre relajado, de beber con los amigos, de jugar a las cartas o de ver películas. Relajarse es importante y es una gran recompensa por el trabajo duro, pero es un propósito débil para la vida. Una buena manera de saber si tiene un propósito fuerte y resistente es preguntarse: "¿Mi propósito central en el mundo va a darle un nuevo cariz a mi vida?"

Cuando haya encontrado el propósito de su vida, no lo comparta. No hable al respecto. Es sagrado. Consérvelo muy dentro de usted. Es la brújula y el centro de su vida. Si seleccionó el propósito correcto, es difícil que lo cambie. Puede que cambien los sueños que trata de hacer realidad, pero su propósito no cambiará. Por ejemplo, si siente que su propósito es "curar a la gente", su sueño puede variar entre convertirse en médico, en terapista físico, en enfermera, o desempeñar cualquier otra profesión afín. Tal vez tenga que intentarlo varias veces hasta encontrar el sueño correcto. El propósito de la vida no es tan variable: es el centro en torno al cual giran sus sueños.

■ Preguntas:
1. ¿Cuál área de la vida (familia, profesión, servicio público o religión) le parece más interesante? ¿En cuál piensa más?
2. ¿Cuál es su verdadero propósito en la vida? (No comparta esto con nadie.)

■ ■ ■

¿Qué Sueño Haría Realidad su Propósito?

"Cuando el amor y la destreza se combinan, podemos esperar una obra de arte."-- John Ruskin

Ojalá ahora mismo ya sepa cuál es el propósito de su vida. El resto de esta sección tendrá mucho más sentido si es así. El próximo paso es "tener un sueño".

La siguiente sección describe cómo escoger su sueño, ordenar sus valores, vivir un día típico en el trabajo de sus sueños, comprometerse con el sueño que eligió y callarse al respecto.

♦ ¿Y Si No Tengo un Sueño?

"Algunos mueren a los veinticinco años y los entierran cuando cumplen setenta y cinco." -- Benjamin Franklin

Esto no puede estar mejor expresardo. Todo el mundo tiene un sueño. Tal vez ya cumplió uno de ellos cuando se vino a los Estados Unidos. ¿Y ahora qué?

♦ Cómo Elegir un Sueño

Para escoger su sueño debe buscar dentro de su corazón. Generalmente lo que a uno le encanta hacer es lo que tiene el don de hacer. (Marsha Sinetar, 1987.) No tiene que "ser el mejor" en eso, pero debe sentir que es lo apropiado para usted. El sueño de su vida es como el zapato para su pie: tiene que ser a su medida... y mientras más lo use más cómodo será.

Para seleccionar su sueño, centre su mente en unas cuantas preguntas: ¿qué haría si tuviera una probabilidad del 100% de éxito?, ¿cuál es mi estilo ideal de vida?, ¿qué me encantaba hacer cuando era niño?, ¿qué haría si sólo me quedara un año de vida?, ¿qué haría con el resto de mi vida si ganara un millón de dólares? (Si la respuesta es "regresar a mi país", la pregunta sigue siendo válida. ¿Cuál sería su sueño allá?)

Piense en las experiencias más satisfactorias que ha tenido en su vida. Algunos de sus recuerdos más felices pueden provenir de sus experiencias de niño, o de sus pasatiempos, o de hacer trabajo voluntario, o del trabajo que hace ahora. Escriba lo que recuerde sobre sus mejores experiencias. Analícelas. ¿Se siente mejor cuando trabaja con gente, con cosas, o con información? ¿Prefiere trabajar con sus manos? ¿Prefiere discurrir y utilizar números y detalles? ¿Prefiere utilizar sus destrezas creativas y artísticas? Sin importar cuán ordinarios le parezcan sus talentos, seguramente deseará usarlos. Los momentos más estimulantes y felices de la vida provienen de utilizar nuestros talentos.

Un error común de la mayoría de la gente es elegir una profesión "que se ve bien" o que "paga bien". El sueño de una mujer que disfruta cocinando, creando recetas y atendiendo a la gente puede ser trabajar en un restaurante o quizás ser la dueña de uno. Sin embargo, quizás al mismo tiempo siente que atender a la gente puede ser considerado como servidumbre y que ser dentista se "vería mejor" desde el punto de vista de sus padres y de la sociedad. Si reprime su sueño para complacer las opiniones de los demás, probablemente no será solamente una mala dentista, sino también otro ser infeliz.

Cuando haya seleccionado unos cuantos sueños que se ajusten a su propósito, escríbalos en un papel. Al lado de cada uno escriba sus capacidades y sus limitaciones. Por ejemplo, supongamos que su sueño es abrir una guardería infantil en su hogar. Sus capacidades pueden ser que se lleva bien con los niños, que tiene conocimientos sobre el desarrollo de la primera infancia y una certificación en primeros auxilios. Sus limitaciones pueden ser que usted ya tiene dos hijos, que no existe un parque infantil cerca y que no tiene licencia. Después de hacer esto con cada sueño cierre los ojos e imagínese cómo serían sus próximos cinco años si intenta realizar cada sueño. Considere lo bueno y lo malo. Escoja el sueño que le dé la mayor satisfacción.

Una advertencia sobre los sueños: el dinero, la fama o el poder son sueños desacertados que al final lo decepcionarán terriblemente. Lo llevarán en la dirección equivocada.

♦ Ordene sus Valores

"Por encima de todo: sé fiel a ti mismo". -- William Shakespeare

Una ayuda para escoger nuestro sueño es hacer una lista de nuestros valores. Los valores son convicciones fuertes que uno abriga y que se descubren fácilmente con un buen autoanálisis. Fíjese en que realmente sean SUS valores y no los de otras personas.

Tome un papel y en la parte superior escriba tres encabezados: <u>siempre valoro</u>, <u>a veces valoro</u>, <u>nunca valoro</u>. Ahora, bajo el encabezado que corresponda, escriba los siguientes valores: creatividad, independencia, libertad, influir en los demás, ayudar a los demás, reconocimiento, seguridad, conocimientos, enfrentar problemas, estatus, trabajar solo, trabajar con otros, amistades, ingresos, variedad, emoción, tranquilidad, poder, competencia, aventura, ritmo acelerado, trabajo minucioso, trabajar bajo presión, estabilidad y retos físicos. (Richard L. Knowdell, 1991.)

Ahora dibuje un círculo alrededor de los cuatro valores más importantes de la lista que hizo bajo el encabezado "siempre valoro". Esos valores no son negociables. Debe tratar de encontrar o crear un trabajo que les haga honor. Su sueño probablemente concordará con los cuatro. Sin embargo, recuerde que los valores cambian con el tiempo. Es posible que lo que valora a los veinte años no sea lo mismo que valorará a los treinta. Vuelva a hacer este ejercicio periódicamente. Su sueño siempre concordará con sus valores presentes.

♦ Viva un Día Típico

Cuando escoja su sueño, haga una prueba. Ofrézcase como voluntario para trabajar con alguien que esté haciendo lo que usted quiere hacer. Si no encuentra a alguien así, viva por lo menos un día típico en su imaginación. Por ejemplo, digamos que su sueño es tener una ferretería, con lo cual se convertiría en dueño de un negocio. Los retos de un día típico pueden incluir aprender cosas sobre el negocio, obtener los permisos, encontrar productos que vender, ponerles precios atrayentes y que dejen ganancias, sentarse en la tienda durante horas esperando clientes, protegerse de los robos, etc. <u>Recuerde que ningún sueño es divertido y glorioso de principio a fin</u>. Cada sueño exige algún trabajo molesto. Si puede aceptar lo bueno y lo malo del trabajo, y todavía está motivado, ya encontró su sueño.

♦ Comprométase a Cumplir su Sueño

"Un diamante es un pedazo de carbón muy perseverante". -- Anónimo

Ahora dirija sus energías hacia su sueño. Imagínese su éxito claramente. Piense en eso todo el tiempo. No se entretenga. No deje las cosas para después. Si pierde tiempo, si se entretiene, estaría demorando su sueño. Pregúntese cinco veces al día, "¿qué es lo mejor que puedo hacer con mi tiempo en estos momentos?" Así volverá a comprometerse con su sueño todos los días.

Sin importar cuál sea su sueño, no debe abandonar todo lo demás de repente, es decir, renunciar a su empleo, cambiar de vida completamente, olvidar sus obligaciones. Existe un proverbio africano que dice: "sólo un tonto prueba la profundidad del agua con los dos pies". Si sus otros compromisos no le permiten trabajar en su sueño a tiempo completo, comience por dedicarle medio tiempo. Sólo recuerde hacer un poquito cada día.

Debemos creer que nuestro sueño es una posibilidad real y actuar en consecuencia. Colón creyó que había tierra hacia el Oeste para poder descubrirla. Todos los líderes democráticos de Europa Oriental creyeron que era posible derrotar el comunismo. Si leyó sobre alguien que hizo lo mismo que usted quiere hacer, si lo vio por televisión o conoce a alguien así, ya sabe que es posible.

♦ No Diga Nada

"Si A es igual a éxito, entonces la fórmula del éxito es A = X + Y + Z. En donde X es trabajar, Y es jugar y Z es mantener la boca cerrada".

-- Albert Einstein

Una advertencia: manténgase lo más callado posible sobre el sueño que escogió. Al igual que con su propósito, no debería compartirlo con nadie.

No necesita la opinión de nadie para saber si el sueño que escogió es el adecuado para usted. Pedir opiniones sobre su sueño es como pedirle a otra persona que le preste sus lentes de contacto. No necesariamente van a ayudarlo a ver mejor. De hecho hasta pueden hacerle daño. Los sueños son algo muy personal.

Tenga en cuenta que a veces tendrá que hacer cosas que no les gusten a los demás. Puede ser que su familia y sus amigos simplemente no lo entiendan, y que traten de protegerlo o de hacerlo cambiar de opinión. A lo mejor todos querrán decirle porqué lo que usted quiere hacer es muy difícil, demasiado arriesgado o sencillamente imposible. Pregúnteles si alguna vez hicieron exactamente lo mismo. Si no es así, ignore sus consejos. Si lo hicieron, escuche cuidadosamente para no cometer los mismos errores. Debe mantenerse firme en su decisión de hacer realidad su sueño.

Si encuentra a alguien que lo apoye, que pueda ayudarlo, que lo anime, habrá duplicado sus fuerzas. Sólo recuerde que cada vez que habla de su sueño, está liberando una tensión valiosa que necesita para hacer el trabajo. Mantenga la mayor parte posible de esa tensión dentro de sí.

■ Preguntas:
1. ¿Qué preguntas puede hacerse para enfocarse en su sueño?
2. Haga el análisis de los valores.
3. ¿Sabe cuál es su sueño?

■ ■ ■

¡Acción!

"El viaje de mil millas comienza con un solo paso."
- Lao-Tse

Ya conoce el propósito de su vida, ya tiene su sueño: es tiempo de actuar. Comience por anotar todas las cosas que debe hacer, de principio a fin. Luego ordene esa lista por orden de importancia; ésas serán sus metas para el éxito. Ahora empiece con la primera tarea. Vaya y hágala. Algunas veces tendrá miedo, quizás las cosas no salgan como lo planificó, pero cada paso lo acercará más a su sueño. Ya sea que nuestro sueño sea trabajar para una compañía particular o tener un negocio propio, si nos comprometemos a lograrlo, si aprendemos lo que se precisa, si buscamos la ayuda que necesitamos y hacemos el trabajo necesario, estaremos preparando nuestro camino al éxito.

♦ **Establezca sus Metas**

"Aquellos que no tienen metas están predestinados a trabajar por siempre para los que las tienen." -- Brian Tracy

En la Universidad de Yale se realizó un estudio sobre metas de largo plazo. Los investigadores entrevistaron a los que estaban por graduarse para ver quiénes tenían metas para su vida, ya definidas y puestas por escrito.

Sólo el 3% las tenía. Hicieron un seguimiento 20 años después y observaron que el 3% que tenía metas logró más en términos profesionales y de ingresos que el restante 97 por ciento junto. (Brian Tracy, 1987.)

Ahora que encontró el sueño que se ajusta al propósito de su vida, fijarse metas es lo que necesita para alcanzarlo. Escriba sus metas como tareas. Por ejemplo, entre las metas que me fijé para escribir este libro estaban: 1) investigar y tomar notas; 2) seleccionar los tópicos a incluir en el libro; 3) escribir por lo menos dos horas al día; 4) aprender sobre la industria editorial; 5) ahorrar dinero. Mis metas le dieron orden y dirección a mi trabajo. Paso a paso, página a página, día a día, mi trabajo comenzó a tomar forma.

En mis lecturas siempre encontré que la mejor manera de fijarse metas es siendo muy específico, describiendo lo que hay que hacer física, mental, social y financieramente. Hay que revisar las metas a menudo y corregirlas si es necesario, y es muy aconsejable premiarse de alguna manera cuando se alcanza una.

Anote sus metas. Ordénelas según su prioridad. Complete una meta a la vez. Prémiese. Prevea los problemas. A veces las cosas pueden volverse caóticas y salirse de su control, pero usted estará preparado para esa contingencia.

◆ **Salga de su Casa**

"El ochenta por ciento del éxito está en dejarse ver". -- Anónimo

Los recién llegados a veces no desean socializar con los estadounidenses. No quieren ir a reuniones sociales porque piensan que no conocen a nadie y se sienten incómodos hablando inglés. Rechazan muchas invitaciones para salir. Piensan que están actuando con consideración, pero eso es un error.

Las personas son sus mejores y más valiosos recursos para conseguir sus metas. Hacer una red de conocidos es muy importante. La mejor manera de conocer más gente es sencillamente saliendo de casa. Vaya a la biblioteca, tome algún curso, vaya a las reuniones de la iglesia, conozca más personas en el trabajo, pídale a sus amigos que le presenten a las personas que conocen. Así aumentará sus probabilidades de encontrar personas que lo puedan ayudar, animar, apoyar. Puede que lleguen a ser sus clientes, sus patronos, banqueros, proveedores, entrenadores o amigos.

Se pierden muchas oportunidades porque no hay nadie ahí para aprovecharlas. Si lo invitan a ir a algún sitio, vaya. Salga y conozca gente.

♦ Haga el Trabajo

"La pereza no es más que el hábito de descansar antes de estar cansado."
- Jules Renard

Un paréntesis humorístico:
El gerente le pregunta a uno de sus empleados: "¿qué hace usted los domingos?"
"Nada", responde el empleado.
"Entonces permítame recordarle que hoy no es domingo."

El éxito no depende de lo que uno planea hacer, sino de lo que realmente hace. Aunque tenga otro trabajo y muchas otras obligaciones, dedique por lo menos 7 horas a la semana a realizar con energía cada una de las tareas que se fijó. No se preocupe por "la manera perfecta" de hacerlo. No trate de ser el mejor: hágalo lo mejor que pueda. Siempre obtendrá resultados.

La gente exitosa conoce sus hábitos e idiosincrasias de trabajo. Algunos trabajan mejor a primera hora de la mañana. Otros prefieren trabajar tarde en la noche. Algunos prefieren trabajar con la puerta cerrada. Otros no pueden pensar creativamente a menos que caminen de aquí para allá. A algunos les gusta tener música de fondo. ¿Cuándo es usted más creativo y tiene más energías? Utilice ese tiempo precioso y cree el ambiente correcto de manera que pueda ser más productivo. (Benjamin J. Stein, 1994)

♦ A Veces Perderá

"Esperar que el mundo lo trate de manera justa porque es buena persona es más o menos como esperar que el toro no lo ataque porque es vegetariano." -- Dennis Wholey

Independientemente del trabajo que realice, algunas veces necesitará algo de otras personas. Tal vez necesite sus consejos, su recomendación, dinero, confianza o tiempo. Cada vez que pida lo que necesita estará corriendo el riesgo de que lo rechacen. ¿Qué pasa si lo rechaza esa excelente universidad, si no obtiene ese empleo, si no le dan ese aumento, qué pasa si ese cliente importante no le compra? A veces le parecerá todo muy injusto, especialmente cuando alguien más obtiene lo que usted desea.

Si escucha la palabra "no", no permita que eso acabe con su entusiasmo. Manténgase lo más positivo y realista posible. Tal vez deba cambiar sus expectativas, tal vez deba intentar un enfoque diferente o una nueva idea, tal vez deba intentarlo con otra persona, o tal vez sólo deba volver otro día.

Experimentar el rechazo en carne propia nos hace más fuertes y más creativos, pero sobre todo aumenta nuestras probabilidades de obtener lo que deseamos. Si lanzamos suficientes dardos, seguramente alguno dará en el blanco. No lograremos nada si no lo intentamos.

No es común que nuestro viaje al éxito sea fácil. Lo más probable es que sea difícil, con desilusiones y reveses. Cuando tenga problemas, analice lo que pasó. ¿Sus intenciones eran loables? ¿Estaba lo suficientemente preparado? Piense en lo que usted hizo que tal vez provocó el problema. Si se refiere a su sueño, la causa de su problema raras veces es otra persona. Después de todo, usted permitió que esa persona se acercara lo suficiente para causar daño. No se culpe y no culpe a nadie. Con eso no gana nada. Más bien aprenda rápidamente de sus errores, rectifique y siga adelante.

■ Preguntas:
1. ¿Anotó lo que va a hacer paso por paso?
2. ¿En qué momento del día usted es más productivo?

TRABAJO

Entrevista informativa

Para averiguar más sobre una compañía en particular y sobre el tipo de trabajo que piensa que le gustaría hacer, es recomendable asistir a una entrevista informativa. Es algo particularmente adecuado si está en el college, pero puede ser útil para cualquiera. Una entrevista informativa es exactamente eso: reunir información hablando con alguien de la compañía. No es una entrevista de trabajo.

Si cree que le gustaría un campo profesional en particular, averigue cuáles son las compañías que hacen ese tipo de trabajo en su zona. Por ejemplo, si le interesa la programación de computadores, busque a alguien que se gane la vida haciendo eso. Tal vez ya conozca a alguien o puede llamar a una compañía local de información. Pídale al departamento de personal de la compañía que le dé los nombres y teléfonos de oficina de algunos programadores de computación. Llámelos y dígales que en verdad les estaría agradecido si lo ayudaran a saber más sobre su profesión. Pregúnteles si les puede hacer una visita de quince minutos la próxima semana. Si están muy ocupados, pregúnteles si por lo menos pueden contestarle algunas preguntas por teléfono.

Durante una entrevista informativa puede enterarse de cómo es un día laboral típico, cómo le va a la industria en general, cuáles son los riesgos del trabajo, qué es lo que más le gusta y lo que menos le gusta de su trabajo a la persona que le concedió la entrevista. Pida que lo asesoren con respecto a cómo prepararse para esa profesión y pregunte dónde puede encontrar a otras personas que hagan ese tipo de trabajo. Recuerde que ésa es su oportunidad de saber, de asegurarse de que eso es realmente lo que quiere hacer.

- Preguntas:
  1. ¿Qué profesiones le parecen interesantes?
  2. ¿Existen compañías en su zona que realizan este tipo de trabajo?
  3. Haga una lista de las preguntas que haría durante una entrevista informativa.

■ ■ ■

Cómo ser eficaz en la búsqueda de empleo

Una vez que sepa el tipo de trabajo que desea realizar y el tipo de compañía donde quiere trabajar, llegó la hora del proceso de búsqueda de empleo. El proceso que vamos a describir sirve con compañías grandes y pequeñas, pero funciona mejor con las pequeñas. ¿Por qué? Porque casi todos los inmigrantes son pioneros, personas más aptas para trabajar en compañías pequeñas. Además, de acuerdo con el Departamento del Trabajo de los Estados Unidos, esas compañías son las que están creando la mayoría de los empleos. Las áreas de empleo de mayor crecimiento exigen mayores niveles de conocimientos prácticos, especialmente conocimientos administrativos, gerenciales y técnicos. Muchas compañías exigen nociones de computación y experiencia en el uso de computadores. Las personas que hablan otros idiomas con fluidez tienen una ventaja como candidatos a empleo. Tenga en cuenta todo eso y prepárese antes de comenzar a buscar un empleo. Si no conoce nada de computación, ¿cómo responderá en la entrevista? Si posee grandes habilidades para tratar con la gente, ¿cuál es la mejor manera de hacerlas sobresalir?

Ahora tome la decisión de que buscar empleo va a ser su ocupación de tiempo completo, de lunes a viernes, de 9:00 am a 5:00 pm., así le tomará la delantera a muchos otros que también están buscando una colocación. Si está empleado actualmente y desea encontrar un nuevo empleo, debe dedicar cada momento libre a buscarlo.

Muchas personas se desaniman después de uno o dos intentos. Envían uno o dos currícula, van a una o dos entrevistas, y luego se rinden. Se quedan esperando a que alguien los llame y les ofrezca empleo. Se convencen de que es más fácil seguir desempleado o conservar el empleo que tienen y que detestan. De acuerdo con Richard B. Bolles, autor de "¿De Qué Color es tu Paracaídas?", responder a los anuncios en el periódico, ir a agencias de colocación y enviar su currícula son las tres formas menos eficaces de encontrar trabajo, y las que probablemente generen una mayor cantidad de rechazos. No confunda las agencias estatales de colocación con las compañías de empleo temporal, que pueden ser muy útiles para encontrar trabajo y con frecuencia trabajan muy rápido. Sin importar los pasos que dé, no permita que uno o dos intentos lo desanimen. Prepárese mentalmente para un proceso que puede durar cuando menos de 3 a 6 meses.

Entonces, ¿cuál es la manera más eficaz de buscar empleo? La probabilidad de obtener un empleo es mayor si conoce sus destrezas y solicita empleo en una compañía a través de una referencia. ¿Puede encontrar un amigo o pariente que lo pueda referir a la compañía que más probablemente requiera sus destrezas? Trate de que lo refieran a la persona que tiene el poder de contratarlo: el jefe. Tiene que estar absolutamente seguro del tipo de trabajo que está buscando. Sus amigos y parientes no lo pueden ayudar si no les dice qué tipo de trabajo quiere.

El próximo paso importante es borrar de su mente la idea de que la única manera de obtener el trabajo de sus sueños es mostrando buenas calificaciones estudiantiles, mucha experiencia y excelentes credenciales. Usted puede demostrarle a su futuro patrono que tiene algo tan importante como la experiencia y las credenciales: la capacidad para resolver problemas.

Las compañías necesitan gente con experiencia y credenciales, pero también necesitan gente que pueda resolver problemas. Si usted averigua lo más posible antes de su entrevista y puede demostrar cómo solucionaría un problema particular que esté afectando la empresa, le llevará la delantera a muchos otros candidatos. Las organizaciones pueden tener problemas con las ganancias, la propaganda, la rotación de empleados, con robos, con minorías, eficacia del personal, motivación, lentitud, etc.

Averigüe especialmente qué problemas está enfrentando la persona que tiene el poder para contratarlo, que por lo general es la persona que lo entrevistará. (Richard N. Bolles, 1995.) Imagínese, por ejemplo, que el entrevistador tiene problemas con los empleados porque se toman mucho tiempo para almorzar, llegan tarde al trabajo, hablan demasiado y trabajan muy lento. Si usted le demuestra que se tomará poco tiempo para almorzar, llegará a tiempo, se dedicará diligentemente a su trabajo, y lo hará rápidamente, en la mente del entrevistador usted puede ser la solución al problema. Escuche cuidadosamente durante la entrevista, allí se revelan muchos problemas. Hable con alguien que trabaje en la compañía. Averigüe lo más posible. Durante toda la entrevista, comente las habilidades que tiene para solucionar un problema que esté mortificando al entrevistador.

■ Preguntas:
1. ¿Cuál es la manera más eficaz de buscar empleo?
2. ¿Cómo puede resaltar sus destrezas para resolver los problemas particulares de la compañía?

■ ■ ■

◆ **El proceso**

Obtener el empleo es un proceso de tres pasos. Si se salta alguno disminuirán sus oportunidades de obtener el empleo que quiere.

Antes de la entrevista el proceso funciona de la siguiente manera: usted ya sabe qué tipo de trabajo quiere hacer, averiguó sobre la organización para la que quiere trabajar, hizo el contacto inicial con la persona que tiene el poder de contratarlo para el puesto que desea, solicita el empleo directamente a esa persona y le entrega su curriculum. Su curriculum debe incluir su propósito, su nombre, dirección, número de teléfono, experiencia laboral previa y educación, destacando sus destrezas especiales y entrenamiento (véanse ejemplos de una carta de solicitud y curriculum en las próximas páginas. En las bibliotecas hay muchos buenos libros que le pueden enseñar las técnicas apropiadas para preparar su curriculum y la carta de solicitud).

Una vez obtenida la entrevista, el proceso es el siguiente: ensaye la entrevista en su mente y frente al espejo, llegue puntualmente y vestido en forma apropiada, preparado con una investigación sobre la compañía y sus necesidades potenciales (no mencione la palabra "problema" durante la entrevista), muestre entusiasmo y profesionalismo, responda las preguntas educada y brevemente, y preséntese como un recurso y una solución para la compañía si le parece que quiere trabajar allí. Recuerde que usted también los está evaluando. No debe hablar sobre sueldos o salarios hasta que el empleador le ofrezca el puesto y traiga el tema a colación. Mantenga un buen contacto visual. Haga unas cuantas preguntas relacionadas con el trabajo, pero deje que el entrevistador controle la entrevista. Algunas preguntas buenas son: "What is a typical day on the job like? (¿cómo es un día laboral típico?)", "What training programs are offered (¿qué programas de entrenamiento ofrecen)?" y "What advancement opportunities would be available in the future (¿qué oportunidades de ascenso tendré en el futuro)?"

Después de cada entrevista el proceso es el siguiente: envíe una carta al entrevistador volviendo a mencionar sus destrezas e interés en la compañía y agradeciéndole por su tiempo. Muchas personas se olvidan de ese paso, de manera que si lo hace va a sobresalir inmediatamente. (Véase el ejemplo que sigue.)

Es posible que este proceso de tres pasos no funcione. A fin de cuentas, se trata de buscar empleo, no de hacer magia; pero si persevera y sigue los pasos, lo logrará. Recuerde que no siempre le dan el empleo al más calificado o al que puede hacerlo mejor. Muy a menudo lo obtiene el que sabe lo que hay que hacer y decir para que lo contraten.

Al buscar trabajo recuerde que el horario a tiempo completo normal, de 9:00 am a 5:00 pm, es una opción que está desapareciendo. Considere otras posibilidades: tiempo completo, medio tiempo, temporal, contratista independiente, turno nocturno, etc. Cualquier compañía para la que desee trabajar es accesible, ya sea que estén contratando personal o no.

■ Preguntas:
1. ¿Qué pasos debe dar durante el proceso de búsqueda de empleo?
2. ¿Tiene un curriculum?
3. ¿Conoce a alguien que lo pueda referir a un empleador en particular?
4. ¿Qué preguntas hará durante la entrevista?
5. ¿Cómo demostrará que sus destrezas se adaptan a las necesidades de la compañía?

(EXAMPLE OF A COVER LETTER)

Peter Salonen
15 Gateway Avenue
Littletown, VA 77035
(201) 722-5555

March 17, 1999

Ms. Amy Smith
Director
Parkway Hotels
2234 Seventh Avenue
Bigtown, VA 77055

Dear Ms. Smith:

The Parkway Hotels always served as landmarks for me when I traveled through this country and Europe. I would like to contribute to their growth, especially their new chain, the Parkway Suites, that features reception rooms for every guest. I have enjoyed working with various types of people in my previous job experiences. Knowing that this is important to your company, I believe I would be an asset to Parkway Hotels.

During the week of March 30, I will be visiting Bigtown and would like to speak with you concerning your training program for hotel managers. I will call you to set up a time that would be convenient for you.

The enclosed resume outlines my education and experience.

Sincerely,

Peter Salonen

(EJEMPLO DE CARTA DE SOLICITUD DE EMPLEO)

Peter Salonen
15 Gateway Avenue
Littletown, VA 77035
(201) 722-5555

17 de marzo de 1999

Sra. Amy Smith
Director
Parkway Hotels
2234 Seventh Avenue
Bigtown, VA 77055

Estimada Sra. Smith:

Los Parkway Hotels siempre han sido un punto de referencia para mí durante mis viajes por el país y por Europa. Me gustaría poder contribuir con su crecimiento, muy especialmente el de la nueva cadena, Parkway Suites, que incluye salones de recepción para cada huésped. En mis experiencias laborales previas tuve el placer de trabajar con diferentes tipos de personas. Sabiendo que eso es importante para su compañía, pienso que podría ser muy útil para Parkway Hotels.

Estaré de visita en Bigtown durante la semana del 30 de marzo, y me gustaría poder conversar con usted sobre el programa de entrenamiento para gerentes de hotel. Le llamaré para concertar una cita, de acuerdo con su conveniencia.

El curriculum que se anexa resume mi educación y experiencia.

Sinceramente,

Peter Salonen

Peter Salonen   (EXAMPLE OF A RESUME)
15 Gateway Avenue
Littletown, VA 77035
(201) 722-5555

Job sought: Hotel Management Trainee

Skills, education and experience
  Working with people: All the jobs I have had involve working closely with a large variety of people on many different levels. As Vice President of the Junior Class, I balanced the concerns of different groups in order to reach a common goal. As a claims interviewer with a state public assistance agency, I dealt with people under very stressful circumstances. As a research assistant with a law firm, I worked with both lawyers and clerical workers. And as a lifeguard (5 summers in Helsinki, Finland), I learned how to manage groups of people.

  Effective communication: My campaign for class office, committee projects, and fund raising efforts (which brought in $15,000 for the junior class project), relied on effective communication in both oral and written presentations.

  Organization and management: My participation in student government has developed my organizational and management skills. In addition, my work with the state government and a law office has made me familiar with organizational procedures.

  Language skills: Speak fluent English and Finnish, working knowledge of German.

Chronology
  September 1995 to present
  Currently attending Ruthers College in Littletown, Virginia. Will earn a Bachelor of Arts degree in political science. Elected Vice President of the Junior Class, managed successful fund drive, directed Harvest Celebration Committee, served on many other committees, and earned 50 percent of my college expenses.

  January 1996 to present
  Work as research assistant for the law office of McCall & Brown, 980 Main Street, Littletown, Virginia 77035.

  September 1995 to December 1995
  Worked as claims interviewer intern for the Office of Public Assistance, 226 Park Street, Westrow, Virginia 77717.
  Supervisor: James Fish (666) 777-5555.

  1990-1995
  Worked as a lifeguard during the summers at the Silo Pool, 2 Rue Ave., Helsinki, Finland.

Recommendations available on request.

Peter Salonen   **(EJEMPLO DE CURRICULUM)**
15 Gateway Avenue
Littletown, VA 77035
(201) 722-5555

Puesto solicitado: Aprendiz de Gerencia de Hoteles

Destrezas, educación y experiencia

Trabajar con otras personas: todos los empleos que he tenido implicaban trabajar estrechamente con una gran variedad de personas a distintos niveles. Como Vicepresidente de la Clase del Tercer Año del college, armonicé los intereses de diferentes grupos a fin de lograr una meta común. Como entrevistador de peticionarios para una agencia de ayuda estatal traté con personas en circunstancias muy tensas. Como investigador asistente en una firma de abogados trabajé tanto con abogados como con empleados administrativos. Como salvavidas (5 veranos en Helsinki, Finlandia) aprendí como manejar grupos de personas.

Comunicación eficaz: Mi campaña para el gobierno estudiantil, los proyectos de comité y los esfuerzos para obtener fondos (que produjeron 15.000 dólares para el proyecto de la clase del tercer año del college) se basaron en una comunicación eficaz, tanto oral como escrita.

Organización y Gerencia: Mi participación en el gobierno estudiantil desarrolló mis destrezas organizativas y gerenciales. Además, mi trabajo con el gobierno estatal y la firma de abogados me han familiarizado con procedimientos organizacionales.

Idiomas: Hablo inglés y finlandés fluidamente, y cuento con buenos conocimientos de alemán.

Cronología

Desde septiembre de 1995 al presente
Actualmente asisto al Ruthers College en Littletown, Virginia, donde obtendré una Licenciatura en Ciencias Políticas. Fui electo Vicepresidente de la Clase del Tercer Año del College, administré una campaña exitosa para obtener fondos, dirigí el Comité de Celebración de la Cosecha, serví en muchos otros comités, y gané el 50 por ciento de mis gastos de college.

Desde enero de 1996 al presente
Trabajé como investigador asistente para la oficina de abogados, MacCall & Brown, 980 Main Street, Littletown, Virginia 77035.

Desde septiembre de 1995 a diciembre de 1995
Trabajé como entrevistador de peticionarios para la Oficina de Asistencia Pública, 226 Park Street, Westrow, Virginia 77717.
Supervisor: James Fish (666) 777-5555

1990-1995
Durante el verano trabajé como salvavidas en Silo Pool, 2 Rue Ave., Helsinki, Finlandia.

Recomendaciones disponibles a petición de la parte interesada.

(EXAMPLE OF A THANK YOU LETTER)

Peter Salonen
15 Gateway Avenue
Littletown, VA 77035
(201) 722-5555

April 4, 1999

Ms. Amy Smith
Director
Parkway Hotels
2234 Seventh Avenue
Bigtown, VA 77055

Dear Ms. Smith:

I really enjoyed meeting with you last Thursday and discussing the Parkway Hotels future and management training program. I am even more interested in contributing to the growth of the new Parkway Suites. I am pleased that there is a Front Desk Management position available.

Please consider my organizational skills as well as my people skills and experience, when choosing the right person for this position. If you should have any additional questions, please don't hesitate to contact me.

Thank you for your time and consideration.

Sincerely,

Peter Salonen

(EJEMPLO DE CARTA DE AGRADECIMIENTO)

Peter Salonen
15 Gateway Avenue
Littletown, VA 77035
(201) 722-5555

4 de abril de 1999

Sra. Amy Smith
Director
Parkway Hotels
2234 Seventh Avenue
Bigtown, VA 77055

Estimada Sra. Smith:

Fue un placer para mí haberme reunido con usted el jueves pasado para discutir el futuro de Parkway Hotels y el programa de entrenamiento para la gerencia. Ahora estoy incluso más interesado en contribuir con el crecimiento del nuevo Parkway Suites, y es grato saber que existe un cargo disponible para la Gerencia de la Recepción.

Me permito pedirle que por favor considere mis destrezas organizativas, así como mis destrezas y experiencia en el trato con la gente, cuando escoja a la persona correcta para este cargo. Si tiene alguna pregunta adicional, por favor no dude en contactarme.

Agradeciéndole por su tiempo y consideración, se despide.

Sinceramente,

Peter Salonen

♦ Vendiendo su imagen

"Tener "clase" es tener un aura de confianza, es seguridad sin presunción".

- Ann Landers

Antes de vender cualquier producto, antes de pedir lo que necesite, antes de realizar la mayoría de las transacciones comerciales, dele a la otra persona una razón para que confíe en usted, para agradarle y que lo respete, y así tendrá más éxito. Eso se llama "vender su imagen". Vender su imagen significa sencillamente considerarse un "producto" que hay que presentar de la manera más atractiva posible. Cuando está buscando trabajo definitivamente está vendiendo su imagen.

Vender su imagen es un asunto delicado. Requiere un equilibrio entre encajar con los demás y sobresalir. Si sólo sobresale y no encaja, la gente puede considerarlo arrogante y le tendrá antipatía. Si sólo encaja con los demás y no sobresale, tal vez le agrade a la gente, pero también es posible que no se fijen en usted o que les parezca menos auténtico. Tal vez tarde algún tiempo en desarrollar el equilibrio apropiado, y al principio puede ser incómodo. Fíjese en cómo lo perciben los demás. Si cree que hay más peso en un lado de la balanza, busque poco a poco el equilibrio cuidando de que no se incline en la otra dirección.

En la sección "Relaciones" discutimos los pasos básicos que puede dar un recién llegado para mejorar su aceptación entre los estadounidenses locales. Al buscar trabajo es imperativo que trate de encajar correctamente en la compañía y con sus empleados.

■ Preguntas:
1. ¿Qué piensa que debe hacer para encajar como un buen candidato en el empleo que desea?
2. ¿Qué piensa que debe hacer para sobresalir sólo lo suficiente para que lo contraten?

♦ Empleos por Internet

Discutimos Internet en la sección "Educación". Internet es básicamente una red mundial de miles de computadores. Es una gran herramienta para aprender, para la recreación, conocer gente, hacer propaganda, y muchas otras cosas. Allí se anuncian muchas oportunidades de empleo. Puede encontrar compañías individuales que participan sus vacantes, avisos clasificados del periódico, y páginas que están completamente dedicadas a las personas que buscan empleo (véase "Mirando en Internet" en el Apéndice). La mejor manera de utilizar Internet cuando esté buscando trabajo, es hacer contacto con personas verdaderas, no solo enviar el curriculum.

Sean cuales sean sus intereses, existe gente en Internet que los comparte. Búsquelos utilizando palabras o frases claves. Puede encontrar gente y compañías buscando por destrezas, por ejemplo: "hablar francés". Puede encontrar gente de su país buscando, por ejemplo, "amigos vietnamitas". Puede buscar por instituciones, por ejemplo, "hospitales". Puede buscar por áreas, por ejemplo, "cuidados de salud".

Busque gente que tenga alguna conexión con sus destrezas y la profesión deseada. Subscríbase a newsgroups (grupos de noticias). Verifique los "chat-rooms" (páginas de conversación), lugares de la red donde la gente puede conversar en línea (tal vez encuentre personas raras, así que tenga cuidado.) Utilice su e-mail (correo electrónico) para contactar gente. Si encuentra una compañía particular que le guste, trate de averiguar quién es el que puede contratarlo para el empleo que desea. Contacte a esa persona en particular.

Existen muchos avisos en Internet que lo invitan a convertirse en un distribuidor o representante comercial independiente. Algunos de ellos requieren un desembolso inicial de efectivo, otros no. De cualquier manera tenga mucho cuidado y asegúrese de que desea hacer ese tipo de trabajo. Asegúrese de que la compañía tenga una buena reputación. En estos tipos de cargos, generalmente uno no devenga un salario hasta que no vende algo.

■ Preguntas:
1. ¿Cuál es la mejor manera de buscar empleo utilizando el Internet como herramienta?
2. ¿Qué palabras o frases clave buscaría en la red?

♦ Grandes Organizaciones

La mayoría de la gente viene a este país con convicciones muy arraigadas sobre las grandes organizaciones. La meta de mis padres era trabajar para el gobierno. En ese entonces, Lituania era un país comunista y allí todo el que era alguien trabajaba para el gobierno. Así que salieron de Lituania con esa convicción. ¿Cuáles son sus convicciones sobre las grandes compañías, las pequeñas compañías, los puestos en el gobierno, los negocios privados?

Muchas personas, sin importar de dónde vengan, sueñan con trabajar para una gran corporación. Leemos sobre despidos, oímos historias de reducción de personal, historias sobre personas mayores que fueron obligadas a jubilarse antes de tiempo, sobre mujeres y minorías que no pueden atravesar el "glass ceiling" (la barrera que mantiene a la gente fuera de los cargos gerenciales más altos y mejor pagados). Aun así, sigue siendo tentador soñar que una gran compañía se encarga de uno, con la seguridad de un cheque de pago fijo, y disfrutando buenos beneficios.

Una cosa es trabajar para una gran organización en su propio país. Allí le es más fácil entender cómo funciona "el sistema", la política, la cultura corporativa, además domina el idioma, tiene sus amigos, puede evaluar sus posibilidades futuras. Al llegar a este país y tratar de encontrar trabajo en una gran organización estadounidense puede que no cuente con esas ventajas. Además algunas grandes compañías no valoran la audacia, autenticidad y creatividad que son características comunes de muchos recién llegados.

¿Debe incluso evitar solicitar empleo en grandes compañías? No. Recuerde solamente que el proceso puede tomar de 6 meses a un año, tiempo que va a pasar llenando planillas de solicitud, asistiendo a entrevistas, haciendo llamadas, llenando más solicitudes, aguantando rechazos, o esperando en vano una respuesta.

Si consiguió un empleo en una gran organización, aprenda lo más posible. Acepte el entrenamiento que le ofrecen y obtenga una experiencia valiosa. Aparte lo más que pueda de su salario para el plan de retiro 401k (véase la sección "Dinero"). Quédese en la compañía hasta que tenga un plan de pensión (generalmente de 5 a 7 años en un empleo a tiempo completo). Si el trabajo le parece interesante, quédese ahí. Si se da cuenta de que está soñando con otro empleo, asegúrese de poder mostrarle buenas evaluaciones de su desempeño a sus nuevos patronos eventuales.

♦ Pequeñas Organizaciones

Alrededor del 80% de todos los negocios en los Estados Unidos puede clasificarse como "pequeños". Se trata de negocios de no más de 50 empleados y actualmente son los que están creando la mayoría de los empleos. Además, es más fácil entrar en esas pequeñas empresas. Si ya sabe qué es lo que quiere hacer para ganarse la vida y el lugar geográfico donde quiere hacerlo, no es difícil encontrar una de esas compañías. Pregunte. Conduzca por los alrededores. Vaya y solicite personalmente un empleo.

Tal vez lo contrate una compañía pequeña que no tenga un plan de pensión para su retiro. Eso no es raro. Usted mismo tendrá que apartar el dinero. En la sección "Dinero" describimos ya algunas estrategias provechosas.

■ Preguntas:
1. ¿Ha pensado qué tipo de compañía es más adecuada para la profesión que escogió y para sus metas?
2. ¿Cómo contactará a la persona que tiene el poder de contratarlo?

■ ■ ■

♦ **Igual Oportunidad de Empleo**

La Equal Employment Opportunity Commission (EEOC) sirve para proteger a los empleados de la discriminación racial, religiosa o sexual. El Título VII de la Ley de Derechos Civiles de 1964 también protege a las personas de discriminación en el trabajo por causa de su <u>origen nacional</u>. Por ejemplo, exigirle a los empleados que únicamente hablen inglés o exigirle a los que solicitan empleo que hablen inglés sin acento extranjero, puede ser una violación del Título VII. Los poderes de la EOCC se extienden usualmente a empleadores privados con más de 15 empleados, a todas las instituciones educativas, estatales y de los gobiernos locales, y a sindicatos obreros con más de 15 miembros.

Durante el proceso de entrevistas, hay preguntas que el empleador puede hacer y otras que no. Es posible que tenga que responder preguntas relacionadas con su habilidad para desempeñar el cargo ofrecido, pero no tiene que responder preguntas personales sobre cualquier incapacidad que tenga y que no interfiera con su trabajo. Puede que le pidan un examen médico, pero sólo pueden hacerlo después de que le hayan ofrecido el cargo. Quizás también le pidan que se haga un examen para detectar uso indebido de drogas.

Si alguna vez lo discriminan en una situación laboral, llame a la EEOC al 1-800-669-3362, para enterarse de qué puede hacer.

♦ Diversidad

En muchas organizaciones grandes hay, hoy en día, una fuerte tendencia a gerenciar la diversidad; es decir, a aprovechar al máximo la variedad de personas disponibles en la fuerza de trabajo. El concepto de diversidad incluye la edad, el sexo, los estilos de vida, la religión, la educación y el idioma. Es cierto que muchas veces las altas esferas gerenciales siguen exclusivamente en manos de hombres de raza blanca, pero las compañías se están dando cuenta de los costos de ignorar o subestimar diferentes grupos de la población. Los principales costos son la pérdida de negocios con determinados clientes y las demandas judiciales.

Cuando solicite empleo, especialmente si es en una organización grande, utilice el concepto de diversidad para crear un valor que no tienen los candidatos nacidos en los Estados Unidos. Haga énfasis en el hecho de que es bilingüe, en su compatibilidad con clientes étnicos, en sus relaciones con personas de comunidades étnicas, y en su experiencia en viajes. Debería darle confianza saber que en estos días, en igualdad de circunstancias, muchas corporaciones probablemente prefieren contratar a un "Rodríguez" que a un "Jones".

■ Pregunta:
1. ¿Cómo va a destacar su origen diferente como un aspecto positivo para un empleador?

■ ■ ■

♦ Lo que Impide Obtener el Empleo

A continuación le presentamos algunos de los factores que impulsan a las compañías a descartar un candidato a empleo:
- ✓ Falta de entusiasmo por el empleo ofrecido
- ✓ Falta de metas de trabajo: "acepto cualquier trabajo"
- ✓ Destrezas de comunicación insuficientes
- ✓ Mala apariencia
- ✓ Ningún conocimiento sobre la compañía
- ✓ Falta de experiencia laboral
- ✓ Falta de vehículo propio
- ✓ Llegar tarde a la entrevista
- ✓ Hablar mucho sobre sí mismo
- ✓ Deshonestidad
- ✓ Declaraciones o conducta irresponsables.

Sólo piense qué tipo de persona quisiera usted tener como empleado. Cualquier compañía que lo entreviste querrá contratar el mejor candidato. La entrevista revela todos los puntos anteriores. Es el factor que decide quién consigue el empleo.

■ Pregunta:
1. Sabiendo por qué los empleadores descartan a ciertos candidatos, ¿qué hará para prepararse y mejorar sus probabilidades de que le den el empleo?

■ ■ ■

Documentación

¡Obtuvo el empleo! Es hora del papeleo. Debe llenar la Planilla I-9 para verificación de empleo y llevarle a su patrón varios documentos. Los principales documentos requeridos son la tarjeta del seguro social, la tarjeta I-94 con la autorización de trabajo y cualquier Employment Authorization Document (EAD - Documento de Autorización de Trabajo), como el I-688B o el nuevo I-765. Tal vez también deba suministrar copias de su pasaporte, de la licencia de conducir y de alguna otra identificación.

Si posee un grado universitario o cualquier otra credencial de su país que no esté en inglés, puede contactar a la World Education Services, Inc., al 1-212-966-6311, para solicitar una traducción profesional y una evaluación de credenciales. Es posible que su patrono le pida esos documentos. También la embajada de su país puede ayudarlo en esos asuntos.

Si tiene una visa de estudios (F-1), no puede trabajar durante su primer año en el país. En su segundo año puede comenzar a trabajar aproximadamente 20 horas por semana. Durante las vacaciones escolares muy probablemente se le permitirá trabajar a tiempo completo. Una vez graduado, lo normal es que le permitan quedarse en los Estados Unidos y trabajar hasta 12 meses a tiempo completo. Durante ese tiempo, muchas personas con visa F-1 tratan de cambiar su estatus a una visa H1B o residencia permanente, mediante el patrocinio del empleador.

Cuando comience a trabajar, su patrono lo hará llenar la planilla "W-4" para propósitos fiscales. Esta planilla muestra la cantidad de deducciones que usted está pidiendo. Mientras más deducciones legales tenga, menos impuestos le retendrán. La mayoría de la gente pide una deducción por cada miembro de la familia. Si su cónyuge también trabaja, tenga cuidado de no pedir demasiadas deducciones o se encontrará debiendo impuestos al final del año. Vea la sección "Dinero" para mayor información sobre este tema. Antes de comenzar en el trabajo, tal vez tenga también que llenar planillas para cuestiones de salud y tomar otras decisiones sobre beneficios. Su supervisor o el departamento de personal pueden ayudarlo.

Si recibe una oferta de empleo y no le piden que enseñe ningún documento, probablemente va a trabajar "por debajo la mesa". Obviamente ésa es una situación ilegal. Si acepta el cargo puede contar con que su pago será menor, que no tendrá beneficios, que las condiciones laborales serán peores y que no tendrá seguridad en el empleo. Mientras más rápido obtenga un empleo legal, mejor. Si no tiene un permiso de trabajo legal (que puede tener varios nombres: "green card", patrocinio del empleador, residencia permanente, etc.), consulte con un abogado experto en inmigración sobre las posibilidades de cambiar el estatus de su visa. Recuerde: hágalo antes de que venza su visa.

Aprenda todo lo que pueda sobre el proceso de obtener un permiso de trabajo para extranjeros. Necesitará una publicación del gobierno llamada Instructions for Filing Applications for Alien Employment Certification (instrucciones para llenar las solicitudes para certificación de empleo para extranjeros) y la Form ETA-750, Parts A and B (Planilla ETA-750, Partes A y B). Puede pedirlas llamando al Departamento del Trabajo de los Estados Unidos al 1-202-219-5263, o puede enviar su petición por correo a la siguiente dirección:

> Labor Certification Division
> Employment & Training Administration
> U.S. Department of Labor
> 200 Constitution Ave., NW, Room N4456
> Washington, DC 20210

Si encuentra un empleador que esté dispuesto a servirle de patrocinador, tendrá que hacer la solicitud a través de la oficina de empleos estatal de su localidad. No es algo fácil, toma tiempo y es frustrante. Además cuesta dinero. Si está familiarizado con el proceso y está dispuesto a aceptar deducciones de su pago para cubrir todos los asuntos legales, es más fácil buscarse un patrocinador: ellos le tienen menos miedo al papeleo y están más dispuestos a pasar por el proceso.

■ Preguntas:
1. ¿Qué documentación necesita para estar empleado legalmente en Estados Unidos?
2. Si usted no tiene la documentación apropiada, ¿qué va a hacer para tratar de conseguirla?

La Realidad del Cambio

"La fábrica del futuro sólo tendrá dos empleados, un hombre y un perro. El hombre va a estar ahí para alimentar al perro. El perro va a estar ahí para evitar que el hombre toque el equipo."- Warren Bennis

Solíamos vivir en la Era Industrial. Ahora estamos en la Era de la Información. A los recién llegados que vienen con destrezas para la manufactura, agricultura, producción u otras labores similares les será más difícil competir por un empleo. Los Estados Unidos vende más información y servicios que productos reales. Además ya sea que trabaje con tractores o con pacientes, lo que sabe ahora probablemente habrá pasado a ser "datos históricos" el año entrante.

Continuar su educación, absorber más y más información, reunir conocimientos, mejorar sus destrezas y mantenerse a la par con los tiempos son los requisitos mínimos para el éxito en el mundo laboral actual. Nada de eso se puede hacer sin lecturas constantes, sin estudiar, sin curiosear en Internet, ofrecerse como voluntario y formar una red de conocidos, especialmente cuando forman parte de su campo de trabajo. Su atractivo como candidato a un empleo, y por ende su estabilidad en ese empleo, vendrán de su valor: y su valor debe ser más que lo que usted cuesta, ya sea que gane 5 dólares por hora o 50. Observe y seguramente notará la velocidad con que se actúa en los Estados Unidos: la gente va al grano rápidamente, el tiempo no se detiene, el desempeño es lo que importa.

Probablemente las personas que ya tienen trabajo se saltarán toda esta sección. Si usted ya tiene un empleo y está tratando de aprender más, lo felicito: ¡tiene la actitud correcta!

■ Preguntas:
1. ¿Cómo piensa continuar su educación?
2. ¿Qué necesita aprender para mejorar su valor como empleado?

Comenzar su Propio Negocio

"La vida es muy simple: uno hace determinada cosa. En general fracasa, pero una parte funciona. Uno sigue haciendo lo que funcionó. Si funciona muy bien, otros lo copian rápidamente. Entonces uno hace una cosa diferente. El truco está en hacer una cosa diferente."

- Tom Peters

Es un hecho de la vida en los Estados Unidos que con cada año que pasa, más y más personas trabajan por su cuenta. Muchos ofrecen servicios profesionales, consultorías o una multitud de otros servicios sobre una base contractual. Otros prefieren ser dueños de franquicias. Y otros comienzan un negocio en su hogar.

Antes de comenzar un negocio por su cuenta, es oportuno que investigue mucho y hable con otras personas que estén haciendo lo mismo que usted piensa hacer. Muchos empresarios se quedan cortos en esas dos áreas y fracasan en los primeros años. Debe tener una idea clara del tipo de negocio que quiere comenzar, buscar empresas que ya estén haciendo eso y llegar hasta allá para conversar con los dueños. Entérese de los riesgos, de lo que hace falta en cuanto a licencias y seguros, de los obstáculos potenciales y de las habilidades necesarias para enfrentar los retos diarios. ¿Usted tiene esas habilidades?

Los negocios pequeños pueden fracasar también por falta de recursos financieros. Comenzar un negocio promedio cuesta alrededor de 30.000 dólares. Muchos empresarios encontraron una manera de comenzar sus propios negocios sin esa inversión inicial: <u>comenzando desde el hogar</u>. De acuerdo con *Entrepreneur Magazine*, cada 11 segundos alguien comienza un negocio propio desde su hogar. La tasa de éxito es mayor que en los negocios externos, porque sencillamente las obligaciones financieras son menores.

A través del tiempo los inmigrantes que llegan a este país han demostrado que evaluando el mercado que los rodea, utilizando sus destrezas para distinguirse, trabajando con ingenio y persistiendo a pesar de los obstáculos, son capaces de lograr grandes cosas. Mientras adquiere experiencia trabajando para un patrono estadounidense, no deje de estar pendiente de las oportunidades que se presentan. La seguridad del empleo en los Estados Unidos es una cosa del pasado. <u>Adquiera experiencia cuando trabaje para otro y vea si puede usar ese conocimiento para establecer su propio negocio</u>. Diversificar sus inversiones le da más seguridad a su dinero, diversificar sus fuentes de ingreso hace lo mismo.

♦ Convirtiendo su Pasión en un Negocio

"La verdadera tragedia en la vida no es tener un solo talento, sino no usarlo". -- Edgar Watson Howe

En un seminario de ventas oí la historia de un hombre que estaba tratando de decidir qué quería hacer para ganarse la vida. Había pasado de un trabajo a otro y a todos los odió, no estaba seguro de cuál era su sueño, no sabía qué hacer. Sin embargo, siempre supo que tenía la habilidad de trabajar con cuero. Era su pasatiempo. Le encantaba hacer cinturones, así que comenzó a hacer cinturones para los amigos. Después comenzó a vendérselos a las tiendas. Convirtió su pasión en un negocio. Su esposa lo ayudó a encontrar clientes y se ocupó de la contabilidad. Un día le preguntaron cómo se sentía con su trabajo y respondió: "es como comer caramelos todo el tiempo". Sencillamente le encantaba.

Si tiene algún talento especial o un pasatiempo que le guste mucho, tal vez pueda convertirlo en un negocio. Si alguien más lo ha hecho, usted también puede. Analice sus valores. ¿Valora la creatividad, la independencia, trabajar solo y obtener ganancias? Si ése es el caso, puede tener éxito con su propio negocio. Sea creativo, flexible, no empiece a lo grande y no espere mayores ingresos por algún tiempo. Encuentre personas que puedan enseñarle lo que aún no sabe.

■ Preguntas:
1. ¿Por qué fracasan muchos negocios pequeños?
2. ¿Qué experiencia e intereses tiene que puedan ser útiles para su propio negocio?

■ ■ ■

♦ Las Licencias Comerciales

Cada estado tiene sus propios requerimientos para la operación comercial. Investigando un poco en la biblioteca local y hablando con la Cámara de Comercio local puede encontrar respuestas a la mayoría de sus preguntas. La Small Business Administration (SBA - Administración de Pequeños Negocios) cuenta con una multitud de recursos para el propietario de un negocio pequeño. Llame a la Small Business Answer Desk (Oficina de Información para Pequeños Negocios), teléfono 1-800-827-5722, y pida la guía gratuita donde aparecen los nombres de las diferentes publicaciones. Algunas se consiguen en español.

La forma más sencilla de montar un negocio es como propiedad única. Es fácil de establecer. Usted se convierte en la empresa. Si opera bajo un nombre de compañía, en lugar de su propio nombre, tendrá que presentar un certificado de nombre ficticio. Los bancos le van a pedir ese documento cuando vaya a abrir una cuenta a nombre de la compañía. Además, tal vez necesite un certificado de revendedor si quiere estar libre de impuestos por las cosas que comprará para revender. Tal vez tenga que mostrar ese certificado para comprar a precios al mayor. Por lo general ambos certificados pueden obtenerse en la "assessment and taxation office" (oficina de gravámenes y avalúos) del estado donde vive, por un pequeño cargo.

Si necesita empleados, deberá obtener del Internal Revenue Service (IRS), 1-800-829-1040, un número de identificación como contribuyente fiscal. Tendrá que retener impuestos, seguro de desempleo y pagos al seguro social. Pida también que le den información y las planillas del IRS para hacer los pagos trimestrales de impuestos estimados que debe presentar según su ingreso. El Estado también exige pagos regulares de los impuestos a las ventas que usted recauda en sus transacciones.

Es posible que existan otras leyes y regulaciones para el tipo de negocio que tiene. Por ejemplo, los restaurantes están muy regulados. Escriba a la Occupational Safety and Health Administration (OSHA - Administración de Salud y Seguridad en el Trabajo) para que le den información sobre las responsabilidades y las normas de seguridad obligatorias para su tipo de negocio:

> OSHA - Information Office
> U.S. Department of Labor
> 200 Constitution Ave., N.W. Rm. S2315
> Washington, DC 20210

Las bibliotecas, Internet, las librerías, el Departamento del Trabajo y la Small Business Administration tienen mucha información valiosa sobre cómo manejar un negocio pequeño. Necesitará mucha ayuda antes de empezar. Obtenga o actualice todos los permisos, licencias y certificados. Mantenga registros y recibos de todo lo que compre, todo lo que venda, los sitios donde vaya. Consulte con profesionales en su campo a fin de minimizar los errores.

■ Pregunta:
1. ¿Qué licencias necesita su negocio?

♦ Crear Valor

Un paréntesis humorístico:
Un hombre fornido va a una compañía constructora buscando trabajo.
"¿Qué puede hacer?", le pregunta el gerente
"Puedo cavar."
"¿Y además de eso qué puede hacer?"
"También puedo no cavar."

La gente paga por los servicios y productos que valora. Si su compañía ofrece un valor que es superior al que ofrece la competencia, la gente sacará sus billeteras. Existen dos tipos de valor en un negocio. Existe el valor real y el valor percibido. Ambos son igualmente importantes. Permítanme ilustrarlo con el siguiente ejemplo.

Hay dos muchachas, Brigita y Laura, que trabajan en una tienda de caramelos. Brigita siempre tiene una larga fila de niños esperando para comprarle, mientras que Laura siempre está mucho menos ocupada. El dueño le pregunta a uno de los niños en la fila de Brigita por qué quiere comprarle a ella, y no a la otra , y el niño le responde, "porque Brigita nos da más". El dueño se aparta y se pone a observar a las dos muchachas. Laura coloca muchos caramelos en una bolsa, los pesa, y luego comienza a sacar caramelos hasta que la bolsa pesa una libra. Brigita, por el contrario, coloca un poco en la bolsa, la pesa y sigue añadiendo caramelos hasta que la bolsa pesa una libra. El <u>valor real</u> en ambos casos era una libra de caramelos, pero Brigita vendía esa libra con un <u>valor percibido</u> mayor.

Lo que una persona percibe se convierte en su realidad. Si percibo que estoy obteniendo menos de lo debido, le compro a otro. El lugar donde no compré, nunca sabrá porqué perdió la venta. Una venta perdida tras otra puede amenazar la supervivencia del negocio. Es por eso que crear valor es tan importante, ya sea como individuo o como empresa.

■ Preguntas:
1. Piense en otros ejemplos del valor real y el valor percibido.
2. ¿Cómo puede su negocio crear más valor en comparación con su competencia?

♦ La Historia de Dos Gerentes

"Si trabaja firmemente ocho horas al día, en algún momento llegará a ser el jefe y trabajará doce horas diarias." - Robert Frost

Al crecer su negocio, tal vez tenga que contratar y supervisar a otras personas. La siguiente historia retrata dos tipos de estilos gerenciales: uno es eficaz, el otro no.

Hubo una vez dos gerentes de ventas que trabajaban en la misma compañía, supervisaban a la misma cantidad de personas y presentaban sus informes al mismo director. Las presiones del negocio, las limitaciones de tiempo y las metas eran similares. Ambos trabajaban duro. En lo que sí se diferenciaban era en la forma de tratar a los miembros de sus respectivos equipos. Uno trataba a cada persona de su equipo como a un perdedor, mientras que el otro trataba a cada persona de su equipo como a un ganador. Eso tuvo una gran repercusión en el rendimiento de los equipos.

El primer gerente siempre se aseguraba de que la gente supiera que él "era el jefe". Ocultaba información para controlar a las personas, pedía informes sin sentido, esperaba una explicación de cada actividad, siempre exigía que las cosas se hicieran de una cierta manera, y raras veces le decía algo amable a alguien. Sus acciones creaban inseguridad, temor, disgusto y acababan con el entusiasmo. Las ventas de su equipo cayeron dramáticamente.

El segundo gerente encontraba algo muy bueno en cada miembro del equipo y le recordaba esa virtud particular en cada oportunidad. Si tenía que corregir algo que el empleado había hecho mal, él comenzaba con ejemplos genuinos de lo que el empleado hizo correctamente. Algunas veces se saltaba el error y ni lo comentaba y, simplemente por omisión, la persona entendía el error. Trataba de hacer lo que los japoneses han hecho durante décadas: proteger la dignidad de la persona. Hacía énfasis en la importancia del trabajo en equipo, en tomar riesgos, en la excelencia y la diversión. Su equipo era uno de los de mayor rendimiento en la compañía.

¿Cuál es la moraleja de esta historia? La manera como trata a sus empleados se le devolverá como una maldición o como una bendición. La mejor manera de cuidar sus propios intereses es cuidar realmente los intereses de las personas que trabajan para usted. Los verdaderos líderes lo saben.

■ Preguntas:
1. ¿Su negocio necesitará la ayuda de empleados?
2. ¿Está preparado para gerenciar a otras personas?

◆ Los Conceptos Básicos del Mercadeo

Un paréntesis humorístico:
Un astuto comerciante colgó el siguiente letrero en la puerta de su restaurante: "Aquí producimos con amor."
Unas horas después su competidor colgó este letrero en la puerta de su restaurante: "Aquí producimos con mantequilla."

Algunos recién llegados a los Estados Unidos pueden considerar el concepto de mercadeo con escepticismo o desagrado. Tal vez obtener ganancias era algo mal visto en sus países. Aun si usted no está de acuerdo con el concepto, es importante que lo entienda.

Mercadeo es simplemente el proceso de producir, fijar precio, promover y distribuir un producto o servicio. Usualmente su propósito es obtener una ganancia, pero no tiene que ser así. Las organizaciones sin fines de lucro, como iglesias y organizaciones de caridad, también tienen que seguir algunos conceptos básicos del mercadeo para sobrevivir.

Para obtener ganancias, aun si usted es la única persona que suministra el producto o servicio, tendrá que maximizar todos los elementos del mercadeo. Un buen mercadeo requiere que usted conozca muy bien su producto y la calidad del servicio. Necesita saber porqué algunas personas le compran a usted y otras no. Por ejemplo, si tiene un restaurante de pizzas, y quiere aumentar su clientela, no tiene sentido especular: "tal vez si le pongo más queso, vendrá más gente". Debe satisfacer a sus clientes de acuerdo con sus deseos, no con lo que usted supone que desean. Tal vez piense que ellos quieren más queso, y lo que realmente quieren es que haya penumbra, para el romance.

Lo más difícil del mercadeo (y en lo que fallan muchas veces las compañías) es descubrir quién es su cliente, qué quiere, y cuál es la mejor forma de darle lo que quiere. Hay que saber qué es lo que desea la clientela en este momento, y adelantarse a sus cambios de opinión.

Así pues, ¿quién es el jefe? Bueno, si usted es el que hace la pizza, es su restaurante, son sus sillas y sus mesas, usted paga el alquiler, contrata a la gente: ¡usted debe ser el jefe! Pues no, usted no es el jefe. El cliente es siempre el verdadero jefe. Los negocios que adoptan la mentalidad correcta y aprenden cómo deleitar a sus clientes aumentan extraordinariamente sus probabilidades de sobrevivir.

Los elementos del mercadeo afectan a todas las personas en todas partes del mundo. En algún momento de la vida, uno es cliente de un producto o servicio y proveedor de un producto o servicio. Con el conocimiento de los conceptos del mercadeo cada transacción comercial y personal puede obtener un resultado más favorable.

■ Preguntas:
1. ¿Qué áreas del mercadeo necesita desarrollar para su propio negocio?
2. ¿Qué piensa sobre vender y obtener ganancias?

■ ■ ■

◆ **Recordatorios sobre el arte de la Negociación**

En la sección "Compras Mayores" decíamos que "uno no obtiene lo que merece, sino lo que negocia". A manera de recordatorio, la negociación es una comunicación con el propósito de obtener un acuerdo en donde ambas partes ganen - usted gana y la otra persona también. Las habilidades para la negociación son valiosas para todo el mundo, pero las va a necesitar especialmente si tiene un negocio propio. Tendrá que negociar con compradores, proveedores, bancos, abogados y gente de distintos niveles profesionales y de educación.

Lo más importante que hay que recordar es que la mayoría de las decisiones en los negocios no son sobre personas, son sobre cosas. Usted puede llegar a ser un gran negociador enfrentando las cosas o el problema, nunca a la gente. Considérese un socio y no un oponente. Construya un puente, no una pared. La negociación es similar a un matrimonio: si un lado pierde, el otro lado tampoco gana. (Roger Fisher, 1981.)

Cuando negocie algo tenga un plan en mente, piense en los intereses de la otra persona y ofrézcale algunas opciones. Si la persona con la que está negociando se muestra testaruda u hostil, o sencillamente le miente, siga negociando y no responda con la misma actitud. Pídale sugerencias para suavizarla y busque una opción que sea buena para ambos. Existe un dicho que lo resume muy bien: "cuando un perro se le venga encima, llámelo con un silbido". No responda con amenazas y no sea hostil. No actúe como si usted fuera inferior o superior. Tenga siempre una alternativa en mente, de manera que si las negociaciones fracasan, usted simplemente sigue su camino. Y recuerde: nunca acepte un "no" por respuesta de alguien que nunca pudo haberle dado el "sí". Hable con la persona correcta.

■ Preguntas:
1. ¿Tiene experiencia negociando?
2. ¿Qué tendría que negociar en su comercio?

♦ Ser un Empresario

Si usted tiene lo que se necesita, tener su propio negocio puede ser una experiencia realmente gratificante. Recuerde siempre que mientras más tiempo pase, mientras más crezca su negocio, más humilde tendrá que ser y más ayuda deberá prestar a los demás. Voy a finalizar esta sección con el Credo Oficial de la American Entrepreneurs Association (Asociación de Empresarios Estadounidenses), que puede servir para todos los pioneros:

"No escojo ser una persona común. Es mi derecho ser excepcional, si puedo. Busco la oportunidad, no seguridad. No deseo ser un ciudadano mantenido, doblegado y embotado porque el Estado se encarga de mí. Deseo tomar el riesgo calculado, soñar y construir, fracasar y tener éxito. Prefiero los retos de la vida a una existencia garantizada: la emoción de la satisfacción a la calma rancia de la Utopía. No negociaré mi libertad por beneficencia, ni mi dignidad por una limosna. Nunca me inclinaré ante ningún amo ni me doblegaré ante ninguna amenaza. Es mi herencia mantenerme erguido, orgulloso y sin temor; pensar y actuar por mí mismo, disfrutar el beneficio de mis creaciones y mirar el mundo con la frente en alto y decir: Hice esto con la ayuda de Dios. Todo esto es lo que significa ser un Empresario."

Desarrollando el trabajo que quiere usted se convierte en un empresario. Si trabaja por su cuenta, si trabaja para otro, si se queda en casa con los niños, no importa. Su trabajo es su corporación y será lo que usted haga de él.

■ Preguntas:
1. ¿Tiene la actitud correcta para convertirse en un empresario?
2. ¿Qué destrezas debe desarrollar?
3. ¿Dónde obtendrá la educación y la experiencia necesarias para desarrollar esas destrezas?

SALUD, SEGURIDAD Y OTROS DATOS

Datos sobre cuestiones de Salud

◆ **Asistencia Médica**

En los Estados Unidos todo el mundo debe pagar los servicios médico-asistenciales. Como estos servicios son tan costosos, la mayoría cuenta con planes de seguros, generalmente a través de sus patronos. Es posible obtener un seguro médico pagando mensualmente, y algunos patronos cubren una parte de ese pago. Una vez que lo contraten, puede ser que tenga que pasar por un período de espera hasta que lo consideren elegible para el seguro médico.

Existen muchas compañías de seguros con distintos tipos de planes. Las *"health maintenance organizations"* (organizaciones para el mantenimiento de la salud, generalmente conocidas como HMOs) son sistemas de seguro cada vez más populares. A través de ese sistema, un grupo de clínicas y médicos privados suministra atención médico-asistencial. Cada miembro de una HMO es referido a un doctor específico, quien brinda la atención básica y debe aprobar cualquier ida del asegurado a las salas de emergencia, hospitales o especialistas. En algunas situaciones, la compañía aseguradora paga el costo total de los servicios. En otros casos, uno tiene que pagar parte de los costos. (Véase la sección "Compras Mayores" para mayor información sobre seguros médicos.)

Generalmente se requiere una cita para recibir atención médica, odontológica o psiquiátrica. No hay que pedir cita para ir a una sala de emergencia. Por lo general las emergencias están en los hospitales, y sólo se debe acudir a ellas cuando sea absolutamente necesario debido a problemas de salud repentinos y graves.

◆ Si no Puede Pagar los Servicios Médico-asistenciales

Existen programas gubernamentales que cubren algunos gastos médicos para personas de bajos ingresos. Medicaid es uno de estos programas. Los solicitantes deben llenar algunas planillas para demostrar el ingreso y dar otras informaciones personales.

Una persona informada busca los productos o servicios médicos gratuitos. Cuando estaba en el *college* necesité que me extrajeran la muela del juicio y no tenía seguro odontológico. Me enrolé en un estudio clínico del National Institutes of Health, y allí me sacaron la muela gratis. Si enfrenta una enfermedad que requiere procedimientos o medicamentos costosos, tome en consideración los experimentos clínicos como una forma de obtener la atención que necesita y que no puede pagar. Tal vez su doctor sepa de algunos estudios que se estén realizando.

Cuando vaya a comprar medicamentos con receta, tenga en cuenta que las medicinas de marca generalmente son mucho más costosas que las genéricas. Pregúntele a su doctor o farmaceuta si existe un genérico equivalente al medicamento que le recetaron. Si debe usar un medicamento específico durante largo tiempo, piense en la posibilidad de comprarlo a través de una *"mail-order pharmacy"* (farmacia que acepta pedidos por correo). Vaya a la biblioteca y busque en los *Consumer Reports* el listado y evaluación de las farmacias de pedidos por correo. Un servicio por correo muy popular es la *American Association of Retired Persons* (AARP - Asociación Estadounidense para Jubilados), 1-800-456-2277. Esta asociación despacha más de 10 millones de prescripciones al año y todo el mundo puede usar el servicio, no sólo los jubilados.

Si su plan de seguro médico no incluye una cobertura para medicamentos recetados y usted está por debajo de un determinado nivel de ingresos, la mayoría de las compañías farmacéuticas le darán los medicamentos que necesita sin costo alguno. Casi nadie lo sabe. El proceso para obtener gratuitamente los medicamentos prescritos es el siguiente:

✓ Cuando el doctor le mande una medicina, pida siempre muestras gratis. Muchas compañías farmacéuticas suministran muestras gratis para que los doctores las prueben con algunos pacientes y las prescriban si obtienen buenos resultados.

✓ Ya sea que el doctor tenga muestras gratis o no, pregunte el nombre de la compañía farmacéutica que elabora el medicamento. Asegúrese de que conoce el nombre correcto del medicamento que le recetaron. Su doctor o cualquier farmaceuta le pueden dar el número de teléfono y la dirección de la mayoría de las compañías farmacéuticas. Todas aparecen en el Indice del Fabricante de la *Physician Desk Reference* (PDR). La mayoría de los doctores tiene esa publicación.

✓ Llame a la compañía que elabora el medicamento y pregunte la dirección y el número de teléfono de su *"indigent patient program"* (programa para el paciente indigente). Algunas compañías lo llaman de otra forma, como, por ejemplo, el *"patient assistance program"*.

✓ Llame al número que le dieron y pida una solicitud. Mejor aún es que le envíen la solicitud por fax a su médico (tenga a la mano el número de fax del doctor antes de llamar al programa para el paciente indigente). Su doctor tendrá que llenar una parte de la planilla y lo hará más rápido si la recibe por fax. Usted tendrá que llenar el resto. Envíe la planilla a la dirección que aparece en la solicitud.

✓ Si califica para recibir medicinas gratis se las enviarán directamente a su doctor en 2 o 3 semanas. Entonces puede ir a buscarlas.

Este arreglo es especialmente útil para medicinas habituales, es decir, medicamentos que tendrá que tomar por mucho tiempo. Hay quienes gastan el dinero de los víveres en medicinas porque no saben cómo aprovechar estos programas.

Como una norma general, si su médico le diagnostica una enfermedad seria obtenga una segunda opinión. Antes de cualquier procedimiento médico, pregúntele a su doctor o al hospital cuánto le va a costar. Después pregunte por el plan de pago reducido, con el que puede ir pagando mensualmente hasta que cubra toda la factura.

♦ **Información sobre Inmunizaciones**

Las inmunizaciones son muy importantes para proteger a sus niños de muchos tipos de enfermedades. Consulte con su médico sobre el siguiente programa:

Polio (OPV) - 2, 4, 12 meses y 4-6 años.

Difteria-Tétanos-Tos Ferina (DTP, DTaP) - 2, 4, 6, 15 meses y 4-6 años. También una dosis de la vacuna contra el tétano-difteria (Td) a los 15 años.

Sarampión-Paperas-Rubeola (MMR) - 12-15 meses y 4-6 años, o 11-12 años.

Haemophilus influenzae tipo b (Hib) - 2, 4, 6 y 12-15 meses, o 2-4 y 12-15 meses, dependiendo del tipo de vacuna.

Hepatitis B (HBV) - al nacer, 1-2 meses y 6-18 meses, o 1-2 meses, 4 meses y 6-18 meses.

Varicela (VZV) 12-18 meses.

Fuente: *U.S. Department of Health and Human Services.*

♦ Señales de Depresión

Todos nos sentimos tristes de vez en cuando. Sin embargo, si ese sentimiento es muy fuerte o dura mucho tiempo, tal vez se deba a una enfermedad llamada depresión. Cada año alrededor del 10% de la población estadounidense sufre una enfermedad depresiva. Una pérdida importante, una enfermedad crónica, una relación difícil, problemas financieros, o cualquier cambio angustioso en los patrones de vida (comunes para los inmigrantes y refugiados) puede desencadenar un episodio depresivo.

Esta enfermedad puede ser tratada, pero a menudo los pacientes y médicos no la reconocen. Si tiene cuatro o más de las siguientes señales de alerta, hable con su médico.

Señales de alerta de depresión:
- ✓ Sentirse triste, sin esperanzas o culpable
- ✓ Pérdida de interés y placer en las actividades diarias
- ✓ Problemas de sueño (mucho o poco)
- ✓ Fatiga, poca energía o sentirse "más lento"
- ✓ Problemas para tomar decisiones o pensar con claridad
- ✓ Llorar mucho
- ✓ Cambios en el apetito o peso (subidas y bajadas)
- ✓ Pensamientos sobre suicidio o muerte

Fuente: *U.S. Department of Health and Human Services.*

■ Preguntas:
1. ¿Cuáles son algunos planes de seguro médico que puede tomar?
2. ¿Cuáles son algunas opciones de cuidados médicos gratuitos o de bajo costo?

Datos Para su Seguridad

♦ Emergencias

Una de sus primeras metas en los Estados Unidos debe ser prepararse y preparar a su familia para situaciones de emergencia. Si su inglés es limitado, debe aprender y practicar qué decir y qué hacer. Si se trata de un problema serio – por ejemplo, que un ladrón está tratando de entrar, se está incendiando su casa, su madre tiene un ataque cardíaco – llame siempre al 911. Debe saber cómo describir lo que está ocurriendo. Si no puede explicar el problema en inglés, sólo diga "*Help*" (ayuda) o "*Emergency*" (emergencia) y NO cuelgue el teléfono. Si se mantiene en línea lo encontrarán.

♦ Policía

En algunos países un oficial de policía puede exigir que uno detenga su vehículo sin ninguna razón. En Estados Unidos un oficial de policía debe tener una razón específica o una sospecha de infracción antes de hacerlo detener su automóvil.

Si está manejando y ve a un oficial de policía que señala su automóvil y le indica que se orille, o si lo sigue en su patrulla con las luces encendidas, estaciónese a la derecha y apague su vehículo. Quédese dentro de su automóvil. No salga a menos que el oficial se lo pida. El oficial irá hasta usted y le pedirá su licencia de conducir, el registro del vehículo y los papeles del seguro. Tenga todos los documentos a mano, sea educado y haga lo que le digan. No discuta. Sea amable. Tal vez lo detuvieron porque iba manejando muy rápido. El oficial quiere comprobar primero si tiene un permiso para conducir, si el automóvil es suyo o si tiene permiso para conducirlo, y que el vehículo está asegurado. En raras ocasiones, en algunos estados como California, también le pedirán sus papeles de inmigración.

Si tiene problemas para entender al oficial dígale: "*I am new to America, can you please speak slowly*" ("acabo de llegar a Estados Unidos, por favor hable despacio"). El oficial se llevará sus documentos hasta su patrulla y regresará al cabo de unos minutos. Le explicará porqué lo detuvo y tal vez le entregue un papel. Se puede tratar de un "*warning*" (advertencia), que no hay que pagar, o de un "*ticket*", una multa que debe pagar dentro de un período determinado.

Si se trata de una infracción que cometió mientras circulaba y paga la multa, le impondrán puntos contra su licencia. Los puntos pueden aumentar los costos de su seguro. Si apela la multa le fijarán una cita en la corte para que defienda su caso. Las cortes no lo pueden obligar a testificar contra sí mismo. No tiene que admitir que es culpable. Si le dan un "parking ticket" (multa de estacionamiento) pagar la multa muchas veces ahorra tiempo y frustraciones. No pagar las multas de estacionamiento puede llevar a un "*booting*" de su vehículo: es decir, el automóvil queda inmovilizado hasta usted que pague sus multas.

Recuerde que en los Estados Unidos si lo acusan de un delito, se le considera inocente hasta que se demuestre lo contrario. Tiene derecho a un abogado que lo represente en la corte. Si no puede pagar un abogado, la corte le asignará uno.

◆ Accidentes Automovilísticos

Si alguna vez se ve involucrado en un accidente automovilístico, detenga su automóvil en cuanto sea seguro hacerlo. Trate de salirse del flujo del tráfico si es posible. Manténgase dentro del vehículo o al lado. No se vaya. Pídale a alguien que llame a la policía, aun si se trata de un accidente menor. Muchas personas tienen teléfonos en sus automóviles y están dispuestas a hacerlo.

Aun si usted ocasionó el accidente, la mayoría de los expertos recomienda que no admita que fue su culpa. No diga que lo siente y no acuse a la otra persona. Diga lo menos posible. Obtenga el nombre, la dirección, el número de teléfono, el nombre de la compañía aseguradora y el número de la licencia de conducir de la otra persona involucrada en el accidente. Anote también el año, la marca, el modelo y el número de la placa del otro automóvil.

La otra persona también tiene el derecho de pedirle esa información. Si el automóvil no es suyo, suministre el nombre y teléfono del propietario. Si hubo algún testigo del accidente, obtenga su nombre, dirección y número de teléfono. Cuando llegue el oficial de policía, responda sus preguntas. Obtenga el nombre del oficial, teléfono y número del informe policial. Notifique a su compañía de seguros lo antes posible.

Si siente que resultó herido, debe ir al hospital o visitar a su médico el mismo día del accidente.

♦ Delincuentes: Si Ellos Quieren lo que Usted Tiene

Déselo. Si un delincuente sencillamente está buscando su dinero o su carro o su cartera, <u>obedezca inmediatamente</u>. Dele lo que quiere. Sea educado, nunca hostil. No haga ningún movimiento brusco. Tenga algo que darle. El delincuente puede molestarse si no consigue nada.

Cada año aproximadamente 25.000 personas (Business Driver, 1996) son víctimas de lo que en inglés se llama un "*carjacking*", es decir, un asalto a mano armada para despojarlo de su vehículo. Puede ocurrir en las estaciones de servicio, en semáforos en rojo, en estacionamientos, prácticamente en cualquier sitio. Muchas veces los asaltantes chocan a un conductor que esté detenido en una luz roja. Cuando el conductor sale a inspeccionar el daño, lo atacan. Si usted no escuchó un rechinar de neumáticos, como si estuvieran tratando de detener bruscamente un vehículo, no salga de su automóvil. Hágale señas al otro conductor para que lo siga hasta un lugar seguro para intercambiar información. Mantenga siempre las puertas de su vehículo cerradas con seguro y los vidrios de las ventanas arriba. Si cuando va manejando piensa que lo están siguiendo, siga hasta un lugar público bien iluminado o hasta la estación de policía. No maneje hacia su casa.

Si cuando va conduciendo ve que adelante hay un accidente automovilístico, no es recomendable que se detenga para ayudar. Los asaltantes y otros delincuentes utilizan ese método para llamar la atención de la gente. Es mejor manejar hasta un teléfono público y pedir ayuda.

Cuando roban una billetera a veces es sólo para obtener el efectivo, pero cada vez es más común que las roben por los documentos de identidad. Si un ladrón le roba su billetera o monedero y encuentra tarjetas de crédito, licencia de conducir y chequera, él puede hacer negocios utilizando su nombre durante muchos meses. Aun si usted notifica el robo a los bancos y cierra todas sus cuentas, el ladrón a menudo puede abrir cuentas nuevas, dejar cuentas sin pagar, sobregirar cheques, todo lo cual le haría mucho daño a su historial de crédito.

Si pierde o le roban su billetera, cancele todas sus cuentas de crédito llamando a los bancos y tiendas de departamentos, denuncie el robo en la estación de policía y notifique a las tres oficinas de crédito sobre la existencia de un posible fraude. Los números de teléfono son los siguientes: Experian: 1-800-422-4879; Equifax: 1-800-525-6285; y TransUnion: 1-800-680-7289.

♦ Delincuentes: Si es a USTED a Quien Quieren

Dos de los mayores motivos de terror en los Estados Unidos son las altas tasas de rapto y de violación de niños. Enseñe a sus niños a tomar todas las precauciones posibles. Enséñeles y practique con ellos como pelear, morder, correr y esconderse de un delincuente. Enséñelos a ser capaces de gritar "¡él no es mi papá!". La gente ve muchos incidentes entre padres y niños malcriados. Si están raptando a su hijo y parece que sólo estuviera llorando o forcejeando, no será suficiente para llamar la atención.

Si un delincuente quiere llevárselo a <u>usted</u>, debe tratar de escapar en el mismo lugar en que se produce el ataque. Aun si lo amenazan con una pistola para que se quede callado y se suba a un automóvil, de acuerdo con muchos expertos en seguridad, <u>debe evitar que lo lleven a otro lugar</u>. Las probabilidades de que sobreviva en el segundo lugar son muy escasas. Haga todo lo posible por escapar en el lugar donde fue agredido.

Antes de mudarse a un nuevo vecindario, averigue cuáles son las áreas que la mayoría de la gente considera "malas". Como una precaución general, mantenga sus puertas cerradas con llave en todo momento, tanto las de su automóvil como las de su casa. No abra la puerta sin precaución, especialmente si no conoce a la persona que está tocando.

Escriba su dirección al lado de cada teléfono de su casa, de manera que usted y sus niños puedan leerla rápidamente a la policía cuando llame al 911 en caso de una emergencia.

♦ Estafas ("Scams")

Existe un dicho famoso en Estados Unidos: "no existe un almuerzo gratis". Todo lo que parece demasiado maravilloso, probablemente sea demasiado maravilloso para ser verdad.

¿Qué es una estafa (scam)? Es el acto de quitarle el dinero a alguien mediante un timo o engaño. Los extranjeros suelen ser el blanco de muchas estafas porque generalmente no están enterados de que hay ciertas cosas que no se deben hacer. La mejor precaución que puede tomar es no dar nunca el número de su tarjeta de crédito, el número de su cuenta bancaria, su dirección, o su número del seguro social por teléfono, a menos que usted mismo esté haciendo la llamada y conozca bien a la compañía o a la persona.

No permita que lo apremien a comprar algo. Si se siente presionado o incómodo, líbrese de esa situación rápidamente. No responda ninguna postal que diga que se ganó un premio: por lo general eso significa que tiene que comprar algo para obtener su premio "gratuito", o viajar una gran distancia para asistir una presentación y obtener un premio barato. No llame a los números "900", le costará mucho dinero. Tampoco llame a los números "809" (a menos que quiera comunicarse con el área del Caribe). Ésa es una nueva estafa identificada por la *National Fraud Information Center*. Los estafadores tratan de que se mantenga al teléfono el mayor tiempo posible y lo único que usted consigue es una gran cuenta telefónica.

Es increíble la cantidad de comercios legítimos que a nombre de las ganancias utilizan prácticas que estafan o embaucan sistemáticamente a los clientes, quienes terminan pagando más de lo necesario <u>por no estar bien informados</u>. Conviértase en un cliente bien informado. Revise las publicaciones de *Consumer Reports*. Busque opciones. Cuando compre seguros, un automóvil, una cama, un computador, servicios médicos, servicios para el mejoramiento del hogar u otra compra mayor, obtenga siempre por lo menos tres cotizaciones de precio. Pague con su tarjeta de crédito siempre que sea posible y guarde los recibos como prueba de pago.

♦ Su Firma

Evite firmar lo que sea si no entiende totalmente lo que está firmando y las implicaciones de su firma. Señale las palabras que no entienda y diga: "please explain (por favor explíqueme esto)". Pregunte, "what else do I need to know about this? (¿qué más necesito saber sobre esto?)", y "by when can I cancel and get my money back? (¿cuándo puedo cancelar y recuperar mi dinero?)"

Una firma en la parte de atrás de un cheque es lo mismo que dinero en efectivo. Si tiene que enviar algún cheque endosado (firmado) por correo, añada las palabras "For deposit only" (sólo para depositar) encima de su firma en la parte de atrás del cheque.

♦ La Importancia de Hacer Copias

Saque copias de todo. Debería tener copias de su pasaporte, licencia de conducir, papeles de inmigración, registro del automóvil, y de cualquier otro documento importante. Antes de deshacerse de cualquier papel importante, sáquele copias. Puede sacar copias en las bibliotecas, centros de copias, supermercados, oficinas de servicios postales, prácticamente en cualquier sitio. También debería tener copias de las llaves de su apartamento y de su vehículo. La mayoría de las ferreterías tiene ese servicio.

■ Preguntas:
1. ¿Qué precauciones puede tomar para evitar problemas con delincuentes?
2. ¿Qué va a hacer en caso de emergencia?

■ ■ ■

Datos Variados

♦ **Leyes estadounidenses que pueden ser diferentes de las de su país**

✓ En muchas partes de Estados Unidos es ilegal fumar en sitios públicos como teatros u oficinas. En otros sitios, como en restaurantes, los fumadores deben mantenerse en las áreas designadas.

✓ Es ilegal comprar, vender o usar estupefacientes u otras drogas adictivas y substancias controladas.

✓ Es ilegal manejar un automóvil si no tiene una licencia de conducir estadounidense o si estuvo ingiriendo alcohol.

✓ Muchos estados tienen leyes relativas a la seguridad de los niños en automóviles. Por ejemplo, se exigen asientos especiales de seguridad para los bebés, y cinturones de seguridad para niños y adultos.

✓ Es ilegal maltratar físicamente a su cónyuge o sus hijos.

✓ Es ilegal tener relaciones sexuales con menores (por debajo de 18 años de edad en la mayoría de los estados).

✓ Son ilegales los comentarios o la conducta agresiva de naturaleza sexual en el trabajo (acoso sexual).

✓ Los hombres entre 18 y los 25 años de edad deben inscribirse en el *Selective Service*, un organismo que puede llamar a las personas al servicio militar, por lo general en tiempos de guerra. Todos los hombres que sean residentes permanentes legales, los refugiados, los convictos en libertad condicional, y los solicitantes de asilo deben inscribirse en los 30 días siguientes a su cumpleaños número dieciocho, o dentro de los 30 días siguientes a su ingreso a los Estados Unidos, si se tienen entre 18 y 25 años de edad. La mayoría de las oficinas de correo tiene la planilla que hace falta para inscribirse (*SSS Form 1M*). Actualmente todos los miembros de las fuerzas armadas estadounidenses son voluntarios, así que inscribirse NO significa registrarse en las fuerzas armadas. No inscribirse puede tener como consecuencia que le nieguen la residencia permanente (*"green card"*) y la ciudadanía. Los extranjeros que no son inmigrantes y que entraron legalmente (por ejemplo, con visas de estudiante o de turista) no tienen que inscribirse.

✓ Por lo general no es legal cazar ni pescar sin una licencia, y debe conocer y obedecer otras leyes que tienen que ver con esas actividades.

✓ Las libertades básicas, como la libertad de expresión, la libertad de culto y la libertad de reunión están protegidas en todo el territorio de los Estados Unidos.

✓ No es apropiado dar dinero o propina a un oficial de policía o a cualquier otro funcionario público, como manera de agradecer su ayuda.

✓ Si tiene estatus de refugiado, no puede regresar a su país de origen o no podrá volver a entrar a los Estados Unidos.

♦ Panorámica Sobre la Inmigración

Hay libros enteros dedicados a describir los detalles específicos de la inmigración. Muchos ya son obsoletos poco después de su publicación. Como el caso de cada persona es diferente, y existen tantas variables y cambios constantes, es necesario que obtenga información precisa y actualizada que se refiera específicamente a su caso. Es mejor si busca la ayuda de un abogado especializado en inmigración.

También puede llamar o visitar la oficina local del *Immigration and Naturalization Service*, INS, (Servicio de Inmigración y Naturalización) para obtener información o solicitudes. En la guía telefónica están la dirección y número de teléfono. También puede contactar la Oficina Central del INS en el 425 I Street, N.W. Washington, DC 20536, teléfono: 1-202-514-4316. O si sabe qué solicitudes necesita, llame al 1-800-870-3676 para pedirlas sin costo alguno.

Al entrar a Estados Unidos le entregaron una tarjeta I-94. Es una tarjeta pequeña, blanca, de 3x5, que se conoce como *"entry permit"* (permiso de entrada) y que muestra su nombre, fecha y lugar de nacimiento, y la fecha en que ingresó a Estados Unidos. Si lo aceptaron para residencia permanente, también incluirá el número del archivo INS (el número "A"). La I-94 es un documento importante. Sáquele una copia y lleve únicamente la copia consigo. Mantenga el original en un lugar seguro, y sáquelo únicamente para propósitos oficiales.

En 1997 entraron en vigencia algunas normas de inmigración muy estrictas. Entre las más importantes están las siguientes: 1) sólo tiene un año a partir de la fecha de llegada para pedir asilo político; 2) se le prohibirá regresar a Estados Unidos por tres años si permanece más de 180 días después de la fecha de vencimiento que aparece en su I-94 (no la fecha de su visa), y no se le permitirá regresar por diez años si permanece más de un año; 3) las nuevas regulaciones permiten que los agentes del INS nieguen la entrada a un refugiado en el aeropuerto, si no tiene la documentación debida y no puede demostrar un temor creíble de persecución si lo devuelven a su país de origen. Muchos refugiados no pueden articular sus razones apropiadamente y son rechazados.

La *"green card"* es un documento que prueba que usted es un residente permanente legal en los Estados Unidos. Es su autorización de trabajo; le da mayor libertad para viajar y para traer a su cónyuge e hijos solteros a los Estados Unidos (cuando obtenga su ciudadanía, podrá solicitar que vengan sus padres también).

♦ Abogados Especializados en Inmigración

Dependiendo de su estatus, es muy recomendable que consulte con un abogado especializado en leyes de inmigración. Existe una asociación llamada la *American Immigration Lawyers Association* (AILA), a la que pertenecen casi todos los abogados especializados en leyes de inmigración. Es mejor si obtiene referencias de alguien que ya usó los servicios de un abogado local, pero también puede llamar directamente a la AILA al 1-202-371-9377. La AILA mantiene una lista de todos los abogados que son miembros de la asociación en cada estado. Por lo general la primera consulta con un abogado es gratuita.

♦ Ciudadanía

Normalmente se puede solicitar la ciudadanía estadounidense después de cinco años de residencia permanente en el país (3 años si se casa con un ciudadano estadounidense). Tendrá que demostrar sus conocimientos de la historia y gobierno de Estados Unidos y su habilidad para hablar inglés. La ciudadanía le da el derecho a votar en las elecciones y a ser electo para cargos gubernamentales. También le da el derecho a hacer una petición al INS para que le otorguen la visa de inmigrantes a sus padres, a sus hijos adultos o a sus hermanos y hermanas, siempre y cuando usted tenga por lo menos 21 años de edad (la *"green card"*, o residencia permanente, sólo le permite traer a su cónyuge e hijos solteros).

♦ Votación

Los nuevos ciudadanos estadounidenses encuentran muchas satisfacciones participando en sus comunidades, especialmente votando en las elecciones locales, estatales y nacionales. El voto es su derecho y su aporte a los Estados Unidos. Usted tiene voz en los asuntos que hacen y perfeccionan este país, desde aprobar los fondos para un parque en su vecindario, hasta elegir al más alto funcionario gubernamental. Anna A. Dryer, una estudiante, redactó el siguiente informe sobre la importancia del voto:

"Como nuevos ciudadanos de los Estados Unidos de América, una de las decisiones más importantes que pueden tomar es inscribirse para votar. Como ciudadanos deben estar conscientes de las repercusiones que puede tener su voto en el futuro de nuestro país. Su voto particular puede influir en las finanzas, la educación e incluso en la seguridad de los Estados Unidos.

Como insiste League of Women Voters (la Liga de Mujeres Votantes), cuando tome la importantísima decisión de votar, recuerde que los asuntos que plantean los políticos durante la campaña electoral lo alcanzan personalmente. Por ejemplo, si surge el asunto de la reducción de la economía, recuerde que tal vez no sea otra persona la que pierda su empleo, sino usted mismo. Cuando se trate de la cobertura de los servicios médico-asistenciales, puede que no sean los gastos médicos de otro los afectados, sino los suyos. Y cuando comience a aumentar la matrícula de los colleges y universidades locales, quizás no sea la educación de alguien más la que va a salir perdiendo, sino la suya y la de sus hijos.

Las elecciones pueden provocar muchos cambios que afectarán su asistencia médica, su seguridad, su trabajo, sus finanzas y su bienestar. Las elecciones también tienen el potencial de alterar drásticamente la paz mundial y las relaciones con países extranjeros. Es vital que tenga voz en esos cambios.

Como ciudadano estadounidense, tiene la oportunidad de ejercer su voto de manera que su opinión tenga efectos positivos en su vida. El primer paso para lograr esos efectos positivos es convertirse en votante inscrito. Para eso puede obtener una tarjeta de inscripción electoral en su biblioteca local o en cualquier otra agencia gubernamental. Sencillamente llene el cuestionario y envíelo por correo a la dirección señalada. En algunas semanas recibirá una confirmación de su inscripción. Infórmese sobre las cuestiones que estarán sobre el tapete en la próxima elección, viendo los noticieros de TV y leyendo la prensa. Una vez que reciba su tarjeta de inscripción de votante, permita que su voz marque la diferencia. ¡Vaya a votar!"

♦ La Social Security Administration

La *Social Security Administration*, SSA (Administración del Seguro Social) emite tres tipos de tarjetas del seguro social: 1) la tarjeta normal, válida para trabajar, que incluye el nombre y número de la persona, y se emite para ciudadanos estadounidenses y residentes permanentes; 2) una tarjeta temporal que no es válida para trabajar, pero que se puede utilizar para propósitos de identificación, bancarios etc., y se emite para extranjeros; 3) una tarjeta temporal que es válida para trabajar con autorización del INS. La SSA realiza un seguimiento de los ingresos de cada uno, para poder determinar los beneficios futuros por jubilación o incapacidad para esa persona y sus dependientes. Es ilegal utilizar la tarjeta del seguro social de otra persona. Si desea su propia tarjeta, llame al 1-800-772-1213 para que le den más información y la dirección de la oficina local de la SSA.

♦ Usando el Teléfono

Seguramente habrá observado que cuando llama a algún sitio generalmente le contesta una grabadora y le pide que presione determinados botones de su teléfono para obtener mayor información. Es corriente que la grabadora le indique que presione el símbolo *"pound"*. Se trata del botón # que está abajo y a la derecha. El símbolo "asterisk" es el símbolo *, que se encuentra en la esquina inferior izquierda de su teléfono. A veces los números telefónicos se escriben con letras para propósitos de mercadeo. Cada letra corresponde a un número en su teléfono.

También habrá observado que la mayoría de los estadounidenses tiene una contestadora telefónica. Se acostumbra dejar un mensaje cuando no se consigue a la persona. De hecho, la mayoría prefiere que le dejen un mensaje para poder devolver la llamada cuando les sea conveniente. Incluso es posible que estén en casa cuando uno llama, pero prefieren dejar que la contestadora tome el mensaje. Algunos recién llegados se resisten a hablar con una contestadora y prefieren seguir llamando, lo que puede ser muy molesto para la otra persona. Es mejor que se acostumbre a dejar un mensaje sencillo, por ejemplo: "this is Peter calling, please call me back at 555-456-7890 (hola, es Peter; por favor devuélveme la llamada al 555-456-7890)".

La manera más fácil de obtener un número de teléfono local es recurriendo a la guía telefónica local. Observará que existe un directorio residencial y un directorio comercial (a menudo llamado "páginas amarillas"). También puede llamar al 411 para obtener números de su área. Es un servicio gratuito desde la mayoría de los teléfonos públicos.

Para obtener ayuda con números de larga distancia, marque el código de área de la ciudad y luego 555-1212. (Si desconoce el código de área de una ciudad particular, marque 411 y el operador se lo dará.) De manera que si usted desea obtener, por ejemplo, el número de teléfono de la Embajada de Kenia en Washington, DC, marque 1-202-555-1212. El operador le dará el número local. En su factura telefónica aparecerá después un cargo de aproximadamente 85 céntimos. Si está buscando el número de teléfono de una gran corporación o de cualquier otra agencia o institución grande, es mejor que marque el 1-800-555-1212. Este número es gratuito y ni siquiera tiene que saber dónde está localizada la agencia o compañía. Sólo diga: "I need the eight-hundred number for the Social Security Administration (necesito el número 800 de la Social Security Administration)", por ejemplo.

Cuando se cambie a su propia vivienda tendrá que seleccionar un servidor de larga distancia para su servicio telefónico. Los servidores más comunes son AT&T, MCI y Sprint, pero existen muchos otros. La *Federal Communications Commission* (FCC) autorizó un nuevo cargo mensual para clientes que no hayan escogido un servidor de larga distancia. Para verificar cuál compañía es su servidor de larga distancia llame al 700-555-4141. La llamada es gratis.

En Estados Unidos existen cuatro usos horarios. Cuando son las 9 de la mañana en Los Angeles, son las 10 de la mañana en Denver, las 11 de la mañana en Chicago y las 12 del mediodía en Washington, DC. Cuando haga una llamada de larga distancia es bueno que sepa la hora que es en el sitio donde está la persona que quiere contactar.

♦ Encontrar Apartamento

Muchos recién llegados se alojan con parientes o amigos. Cuando llegue el momento de tener su propio apartamento tendrá que pasar por una verificación de su historial de crédito, pagar un depósito de garantía y uno o dos meses de alquiler, y firmar un contrato de arrendamiento. El contrato de arrendamiento es un documento legal y crea obligaciones. No puede cambiarse simplemente cuando le venga en gana, porque perderá su depósito de garantía y a lo mejor tendrá que pagar sanciones adicionales. Debe avisarle con suficiente anticipación al propietario.

Cuando uno alquila un apartamento se convierte en un "*tenant*" (inquilino) o "*lessee*" (arrendatario). La persona o compañía que está alquilando es el "*landlord*" (propietario) o "*lessor*" (arrendador). Las leyes locales rigen los acuerdos y disputas entre inquilinos y caseros. En el contrato de arrendamiento se acuerda el número de personas que vivirá en el apartamento, la fecha en que pagará el alquiler, la obligación de mantener aseado el apartamento, y la cantidad de meses que vivirá allí (generalmente un mínimo de 12 meses).

Puede encontrar apartamento a través de amigos, compañeros de trabajo, avisos en el periódico local, y compañías de bienes raíces. Tal vez pueda conseguir un arrendador de su propio país, pero eso no es una garantía de mejores condiciones o un precio más bajo. Es común que los coterráneos se aprovechen de los recién llegados.

Un apartamento alquilado normalmente incluye una cocina con horno, un lavaplatos y un refrigerador. Generalmente tienen una sala, un comedor, uno o dos baños, y una o más habitaciones. El alquiler mensual tal vez incluya la electricidad, calefacción, agua, gas y recolección de basura. En algunos casos pueden pedirle que pague esas cuentas, llamadas "*utilities*" (servicios públicos), por separado. Averigue lo que incluye el contrato de alquiler antes de firmarlo.

♦ Propinas

En muchos países se considera que dar propinas es estrictamente voluntario. Si uno quiere dar propina lo hace. Si no quiere, no tiene que hacerlo. En Estados Unidos no es así. Aunque cada quien decide lo que quiere dar, se espera que uno dé algo. Acostúmbrese a dar propinas cuando se supone que lo haga, especialmente si el servicio es bueno.

Por regla general, a los mesoneros y cantineros se les da el 15% de la cuenta total. Una manera fácil de calcular un 15% aproximado es mediante la siguiente fórmula: "? x 7 = cuenta". ¿Qué número multiplicado por 7 es igual al total de la cuenta? Si su comida costó 35 dólares, 5 por 7 son 35 dólares, por lo tanto, deje una propina de 5 dólares.

Generalmente se da un dólar a los porteros, al servicio a la habitación, al servicio de estacionamiento y a los empleados que reciben los abrigos. A los botones que llevan sus maletas a su habitación de hotel generalmente se les da un dólar por cada pieza de equipaje. Las mucamas generalmente reciben un dólar por día.

Su estilista de cabello también espera una propina. Por un corte sencillo se dan 2 dólares. Por una permanente o tinte se esperan 5 dólares o más. Ser tacaño con las propinas estropea el servicio que recibirá en el futuro. La gente lo recordará.

♦ Viajes

Los negocios raros y estafas relacionadas con viajes abundan. Pague con su tarjeta de crédito siempre que sea posible. Si la aerolínea quiebra o cancela su viaje, no habrá perdido su dinero. Cuando vaya a hacer reservaciones en un hotel, no llame al número gratuito que tiene para eso la cadena hotelera. Es una manera segura de pagar de más. En el número gratis siempre le van a ofrecer las habitaciones más costosas. Llame al hotel que quiere directamente, aun si la llamada no es gratuita. Pida la mejor tarifa disponible. Cuando llegue, pida una tarifa aun más baja. Tal vez no la obtenga, pero ¿quién sabe?, a lo mejor sí. Los hoteles ofrecen tarifas de fin de semana que a menudo son las más baratas.

Suscríbase a todos los planes para el "Viajero Frecuente" que desee. Son gratuitos. Pregunte por ellos cuando se presente para un vuelo o cuando haga la reservación. Acumulando millas tal vez tenga derecho a descuentos o viajes gratis.

Si va a salir de viaje por algún tiempo y nadie estará en casa, suspenda por ese tiempo el servicio de prensa a domicilio y pida que le guarden su correspondencia en la oficina postal. Deje una luz encendida en su hogar, desconecte los artefactos eléctricos y el equipo de computación.

♦ Las Publicaciones de su Comunidad

Es lamentable que algunos recién llegados de mi país no se subscriban a ninguna de las publicaciones de la comunidad estadounidense-lituana, o por lo menos demuestren algún interés en ellas. Eso denota cierta estrechez de mente. Es importante subscribirse a una o dos publicaciones de la comunidad de su país. Normalmente no son costosas e incluyen información sobre negocios y actividades sociales locales, empleos, descuentos para viajes a su país, entidades de crédito y distintos productos y servicios. Lo mantienen al tanto de lo que está ocurriendo en su país natal y le ofrecen una perspectiva estadounidense. Personas altamente calificadas y con gran amor a su herencia cultural escriben y editan la mayoría de los artículos. Para averiguar sobre todas las publicaciones disponibles comuníquese con la embajada de su país.

■ Preguntas:
1. ¿Cuáles son algunas leyes en Estados Unidos que difieren de las leyes de su país?
2. ¿Qué medidas está tomando para fortalecer su estatus de inmigrante?

ÉXITO Y SATISFACCIÓN

¡Esos extranjeros rebeldes!

No es ningún secreto que la inmigración es un tema controversial en Estados Unidos. La discusión no gira solamente en torno a temas políticos o económicos. Algunas personas están diciendo que la calidad del inmigrante ha cambiado; que antes los inmigrantes solían venir a los Estados Unidos con grandes sueños, con habilidades comerciales y una arraigada ética de trabajo. Ahora, según algunos, son muchos los que vienen con una mala actitud. Quieren que se encarguen de ellos. Actúan como si los Estados Unidos les debiera algo. Hasta ciudadanos estadounidenses de origen extranjero están diciendo que muchos recién llegados son "rebeldes que se niegan a adaptarse". ¿Cree que estas opiniones concuerdan con su caso? El éxito de su nueva vida depende en gran medida de la respuesta a esta pregunta.

En esta sección vamos a hablar del éxito y la satisfacción. Por supuesto que las ideas que presentaremos tienen una influencia cultural estadounidense, pero eso no significa que todas las personas que conozca en los Estados Unidos pensarán así o se comportarán de esa manera. Muchos no lo harán. Además, quizás a usted no le interesen algunas de estas ideas. Sin embargo, si su meta es lograr éxito y felicidad en los Estados Unidos, las indicaciones que le ofrecemos aquí son un buen punto de partida.

La meta de este punto es ayudarlo a minimizar arrepentimientos como los que resume este poema tan conmovedor:

Por los campos del ayer
él a veces viene a mí
regresando de sus juegos,
el niño que entonces fui.

Me mira con tanto anhelo
si a hurtadillas vuelve a mí,
como si quisiera ver
al hombre que pude ser.
— Anónimo

Reflexión Personal

"Si no pienso en mí mismo, ¿quién pensará en mí? Si no pienso en los otros, ¿en quién pensaré? Y si no es ahora, ¿cuándo?" -- El Talmud

En cualquier país en donde nos criamos, damos el paso de la niñez a la adolescencia bajo una gran influencia de nuestros padres, de la escuela, la sociedad y los amigos. Al llegar a adultos nos damos cuenta de que parte de esa influencia nos sirve, y parte no. De nosotros depende continuar nuestra evolución y hacer las correcciones que sean necesarias. En esas correcciones está la raíz de nuevos pensamientos y acciones. Para poder evolucionar, tenemos que saber primero quiénes somos.

Parte del deber de un pionero es llegar a conocerse a sí mismo reflexionando sobre sus experiencias y sobre la forma como cree que lo ven los demás. ¿Por qué tiene que hacerlo? ¿Por qué tomarse la molestia? ¿Por qué no vivir la vida y ver qué pasa? Porque si ignora quien es usted seguirá flotando en la misma corriente de siempre, o se lanzará a la ola que esté en boga entre la gente que le rodea.

El que no se conoce a sí mismo se deja influenciar fácilmente. En un nuevo país, con tantas nuevas influencias, tantas orientaciones posibles, tantas incertidumbres, a menudo nos sentimos tentados a seguir a los demás. Tratamos de satisfacer las expectativas de los otros. Claro está que a largo plazo eso no nos va a dejar desarrollar <u>todo nuestro potencial</u>. Terminaremos viviendo la vida de otro y no la nuestra.

Para aprender más sobre sí mismo, comience por analizar lo que ha experimentado hasta ahora en su vida. Hágalo sin considerar que venir a los Estados Unidos fue un gran logro personal. Llegar a este país no excusa ni justifica sus problemas pasados. Obsérvese honestamente. ¿Le ocurren cosas buenas o malas? ¿Tiene buena salud? ¿Cuáles son sus hábitos positivos y negativos? ¿Cómo maneja el estrés? En su opinión, ¿en qué asuntos usualmente usted tiene la razón? ¿Le gustaría tener un gran amigo que se pareciera mucho a usted, que hiciera las mismas cosas y dijera lo mismo que usted dice?

Además, mírese en el espejo y pregúntese cúan comprometido está en permanecer aquí. ¿Tiene la mentalidad de "si no funciona me regreso"? ¿Qué pensamientos o conductas trajo consigo que puedan dañar sus oportunidades en los Estados Unidos?

Luego trate de verse a través de los ojos de las personas que lo rodean. ¿Cómo lo tratan los demás? ¿Parece que confían en usted o no? ¿Qué elogian de usted? ¿Acerca de qué las personas le critican? Sin que importe la opinión que usted tenga de sí mismo, la gente puede percibirlo como "diferente" por su apariencia y sus hábitos. Tal vez un estadounidense nativo sepa que usted es extranjero, aun antes de que diga una palabra. ¿Cómo se siente y se comporta al respecto? ¿Qué palabra utilizaría la gente para describirlo: seguro de sí mismo, tímido, agradable, activo, lento, colérico, amistoso?

Si el inglés americano no es su lengua materna y tenía más de 13 años cuando llegó a los Estados Unidos, es seguro que las personas nativas lo captarán. Eso le pasa a casi todos los recién llegados, incluso a los que provienen de otros países de habla inglesa. A menos que usted hable inglés americano, la gente lo notará. Nosotros llegamos cuando yo tenía 10 años, he hablado inglés por 25 años y todavía me salen palabras que no suenan "estadounidenses". Sin que sea relevante el tiempo que usted ha vivido en este país, pueden surgir ciertas situaciones que lo hagan sentirse extranjero. ¿Cómo va a manejarlas?

Reflexione sobre cómo se ve usted a sí mismo y cómo lo ven los demás. Hágase algunas preguntas que puedan abrir sus ojos con respecto a quién fue usted en el pasado y quién es hoy en día. Eso también debería darle una idea de quién será usted el día de mañana, si sus pensamientos y hábitos están profundamente arraigados.

■ Preguntas:
1. ¿Cuáles son algunos de sus logros?
2. ¿Se ha hecho algunas preguntas difíciles?

■ ■ ■

Éxito

Éxito. ¡Qué maravillosa palabra! Todo el mundo quiere el éxito, pero pocos lo alcanzan. La cultura y la crianza ciertamente influyen en cómo se define el éxito, pero muchos no saben lo que significa específicamente para ellos. Sin embargo, ¡está tan ligado a la felicidad!

Si usted define el éxito exclusivamente en términos monetarios, a lo mejor porque era rico en su país, no le será fácil sentirse "exitoso" en los Estados Unidos aplicando la misma definición. Cualquiera que sea el estándar de vida que logró en su país, aquí va a ser mucho más difícil lograr lo mismo. Aún si lo logra, no tendrá el mismo significado que tenía en su país. En Estados Unidos ya existen muchas personas en ese nivel. Y no es la "gran cosa".

Algunos de los recién llegados de "clase alta" fracasan aparatosamente en los Estados Unidos. Gastan todo su dinero y se endeudan excesivamente. Muchas veces ocurre que se sienten avergonzados de estudiar inglés con otros extranjeros y niños, así que nunca aprenden. A menudo se sienten muy solitarios y buscan consuelo en el alcohol. Y, por supuesto, sienten mucha vergüenza de regresar a la patria.

Entonces, ¿de qué otra manera podemos definir el éxito, si no es en términos monetarios? El autor Earl Nightingale definió el éxito como "hacer realidad paulatinamente una meta que vale la pena". Es algo que <u>tratamos de alcanzar continuamente</u>, algo que nos reta, algo que exige trabajo y excelencia. Lo que logramos, y especialmente lo que logramos con <u>trabajo duro</u>, puede brindar una satisfacción duradera, y eso es <u>el éxito verdadero</u>.

Una chica de college que lucha por aprender y prepararse para una carrera que ama, es un éxito. Un joven que trabaja duro en un proyecto voluntario para ayudar a muchas personas es un éxito. Un recién llegado que se prepara intensivamente para aclimatarse a los Estados Unidos y forjarse una vida de calidad, es un éxito. Todas son metas que valen la pena y señales del verdadero éxito

<u>El éxito es el viaje, no el destino</u>. Se trata de los pasos y procesos a lo largo del camino, no de la llegada. Y si el viaje lleva al dinero, al reconocimiento, al respeto, o a la fama, aun así la mayor satisfacción seguirá siendo el viaje. Sin tomar en cuenta lo que ya haya logrado en su país, estará empezando de cero cuando emprenda el camino. Tendrá que adoptar nuevas formas de pensar y actuar. Si mantiene su mente abierta a nuevas definiciones, nuevos enfoques y nuevas reacciones, mejorarán sus oportunidades de triunfar.

Muchos estudios demuestran que lo que sabemos que <u>deberíamos hacer</u> no se refleja necesariamente en <u>lo que realmente hacemos</u> (M. Scott Peck, 1978). Por ejemplo, una persona sabe que ejercitarse es bueno para su salud, pero esto no quiere decir que vaya a cambiar su rutina diaria para hacer ejercicios. Otro puede saber que es importante ahorrar dinero para su jubilación, pero de alguna manera nunca terminará de decidirse a hacerlo. Para alcanzar el éxito en lo que se proponga o en la vida en general, tendrá que llevar a la práctica lo que aprenda. Tendrá que desarrollar los hábitos y las actitudes del éxito.

Los hábitos y las actitudes del éxito

"Puede lograr la excelencia si se preocupa más de lo que los demás consideran sensato, si arriesga más de lo que los demás consideran seguro, si sueña más de lo que los demás consideran práctico, y espera más de lo que los demás consideran posible". -- Anónimo

La vida que tiene hoy en día se debe en gran parte a sus hábitos y actitudes, los que, por supuesto, se derivan de su forma de pensar. A veces es difícil distinguir entre los hábitos y las actitudes. Los hábitos son aquellas cosas que hacemos constantemente. Las actitudes son generalmente la forma que tenemos de hacerlas. Lo que hacemos y cómo lo hacemos tienen la misma importancia.

Los mejores hábitos y actitudes son los que nos ayudan eficazmente a evolucionar y a sentir satisfacción a lo largo del viaje de la vida. No tienen nada de mágico. Muchas de éstas cosas son sólo de sentido común y sirven para todos los que están luchando por alcanzar el éxito. La gente exitosa ha desarrollado los hábitos y las actitudes de:

- ✓ sentirse bien consigo mismo y con respecto a los demás
- ✓ desarrollar un cuadro mental positivo
- ✓ mantener una fuerte motivación interna
- ✓ demostrar altos niveles de perseverancia
- ✓ mantener en alto su integridad
- ✓ tener sentido del humor
- ✓ mejorar su salud física
- ✓ nutrir su salud espiritual

Vamos a examinarlos más de cerca.

◆ **Sentirse bien**

"Tenemos que aprender a ser nuestros mejores amigos, porque caemos demasiado rápido en la trampa de ser nuestros peores enemigos".
- Roderick Thorp

Lo que percibimos y la forma en que respondemos a las situaciones que nos ocurren, hacen que nos sintamos bien o mal. La gente exitosa tiene la costumbre de buscar lo bueno en sí mismo, en otras personas y en las circunstancias de la vida. Hacen un hábito de sentirse bien. A continuación le mostraremos algunos pasos que pueden ayudar a cualquiera a sentirse mejor; es sólo cuestión de mirar las cosas de manera diferente.

Acepte sus imperfecciones en lugar de tratar de esconderlas. Quizá sea posible cambiar ciertas cosas de su persona que no le gustan, como por ejemplo el color de su cabello o su peso. Sin embargo, hay cosas que tendrá que aceptar como permanentes, por ejemplo, su pérdida del cabello o su estatura. No tiene sentido lamentarse por las cosas que no puede cambiar. Acéptelas y piense más bien en sus puntos valiosos.

Vea las cosas de muchos colores. En raras ocasiones las cosas en la vida son completamente blancas o negras. Los acontecimientos por lo general son una mezcla de bueno y malo. En mi país la libertad ha traído muchas cosas buenas y otras tantas malas. Una enfermedad puede apartarlo de su trabajo, pero también puede darle más tiempo para estar con su familia. Si no obtiene el ascenso que deseaba no tendrá que trabajar el sobretiempo implícito. Algo que ahora parece una desilusión, puede ser una bendición en el futuro. No mire los reveses como catástrofes. Se sentirá mejor si encuentra lo bueno que hay en ellos.

Fortalezca su inteligencia emocional. Marilyn vos Savant, quien aparece en el Libro Guinness de Récords Mundiales como la persona de más alto coeficiente intelectual, cree que para hacerse más fuerte desde el punto de vista emocional una persona necesita dos cosas: tener más experiencia y tomarse la vida de una manera menos personal. Ella sugiere que si su patrono critica su trabajo, no lo tome a título personal. Averigue lo que no le gustó y arréglelo. Si le roban, no pierda su tiempo y energías pensando "¿por qué a mí?" (Parade, 1994). Aprenda algo de esa experiencia y siga adelante.

Mientras más rápido aceptemos las cosas que no podemos cambiar, mientras más pronto veamos los acontecimientos de nuestras vidas de manera más realista, más fuertes seremos emocionalmente y nos sentiremos mejor. Mientras más rápido aprendamos a sentirnos mejor a pesar de lo que ocurra, más preparados estaremos para tomar decisiones exitosas y satisfactorias.

♦ Una imagen mental positiva

"Si usted piensa que puede o que no puede, siempre tendrá la razón."
- Henry Ford

Cada uno de nosotros lleva en su mente una imagen de sí mismo. Tómese algún tiempo para pensar en la suya. Su autoimagen mental afectará su viaje al éxito. Los próximos párrafos se basan en la investigación de Maxwell Maltz, el renombrado autor de "Psycho-cybernetics".

Su autoimagen mental fue dibujada por sus éxitos y fracasos pasados y la manera en que lo trató la gente a su alrededor mientras crecía. Una vez creada esa imagen en la mente, se convierte en "la verdad" y rige el comportamiento y la personalidad. Ni siquiera es posible cuestionar su autenticidad, uno sólo la acepta y vive de acuerdo con lo que ella dicta. La imagen se convierte en su mapa de comportamiento.

De manera que si mira la imagen y encuentra un fracaso, siempre encontrará maneras de fracasar. Una niña que piensa que es "mala en matemáticas", todo el tiempo tendrá malas calificaciones. Aun si estudia más y lo intenta con más empeño, mientras la idea de sí misma no cambie, sus calificaciones tampoco cambiarán. Es como si alguien le pidiera que encuentre una dirección en Washington, pero le da el mapa de Nueva York. No es realista esperar que tenga éxito.

Para alcanzar el éxito debemos tener la imagen correcta de uno mismo, de manera que nuestros mapas de comportamiento nos lleven en la dirección correcta. Al mejorar nuestra autoimagen, también mejoran nuestras posibilidades de tener éxito. Por lo general, un éxito conduce a otro. El éxito se multiplica. Afortunadamente, el éxito imaginario es tan efectivo como el éxito real. <u>Nuestra imaginación puede ser la mayor fuente de nuestro progreso</u>. Si imaginamos nuestro éxito, es más probable que realmente lo consigamos.

El siguiente experimento ilustra este punto. Hace algunos años se hizo una prueba de los efectos de la práctica mental para mejorar las destrezas en el baloncesto. En este experimento tomaron parte tres grupos de estudiantes. Un grupo no practicó de ninguna forma. El segundo grupo lanzó la pelota a la canasta diariamente durante veinte días. El tercer grupo sólo se imaginó que lanzaba la pelota con éxito y marcaba el tanto. Se anotó la puntuación de los tres grupos el primer día y a los veinte días. El primer grupo, que nunca practicó, no mostró ninguna mejoría. El segundo grupo, que realmente practicó 20 minutos todos los días, mejoró su puntuación en un 24%. El tercer grupo, que sólo practicó usando su imaginación, mejoró en un 23%.

Los psicólogos han demostrado repetidamente que el sistema nervioso humano no puede diferenciar entre una experiencia "real" y una "imaginada vívidamente". Si usted está caminando por el bosque y ve un oso, su cerebro le dirá que corra. Si en realidad se trataba de una persona vestida como un oso, pero usted pensó que era un oso de verdad, correrá igual de rápido. Su cerebro no captaría la diferencia y reaccionaría automáticamente. Lo que percibe es su realidad. De manera que su cerebro lo llevará a reaccionar incorrectamente en el ambiente, si la imagen mental que tiene de sí mismo es incorrecta. Es por eso que debe cuestionar la autenticidad de su autoimagen.

Así como una autoimagen negativa puede ser autodestructiva, una autoimagen exageradamente positiva también lo es. He conocido a algunos inmigrantes que ya sea por su cultura o su crianza, abrigan sentimientos muy arraigados sobre su propia importancia. Algunos se ven a sí mismos como muy inteligentes y sofisticados, especialmente cuando se comparan con los estadounidenses. Ven a los estadounidenses como ingenuos e incluso un poco tontos. Algunos hasta me han dicho que "los estadounidenses no saben cómo vivir". Una imagen mental de tanta superioridad y arrogancia será muy dañina para el éxito.

Una vez que haya examinado su autoimagen y decidido qué mejoras hay que hacer, puede hacerlas a través de la práctica mental. Con la mayor cantidad de detalles posibles, por unos cuantos minutos diarios, imagínese al "nuevo usted". Cierre los ojos. Imagíneselo. Si ha sido desorganizado, imagínese recordando dónde puso sus cosas, sin extraviar nunca nada, responsable. Si ha sido miedoso en ciertas situaciones, véase actuando calmadamente y con seguridad. Si ha sido demasiado negativo y crítico, véase buscando pacientemente lo positivo. Entusiásmese con el "nuevo usted". Siga practicando. Después de algún tiempo se sorprenderá actuando de manera diferente aun sin intentarlo.

♦ Motivación interna

"Aunque esté en el carril correcto, lo atropellarán si sigue sentado ahí".
- Will Rogers

Nada es más motivante que amar lo que se hace: pero cada trabajo, cada meta, cada sueño tiene alguna actividad repetitiva, aburrida, minuciosa. Como es necesario hacer todo lo que se tenga que hacer, la motivación interna es crucial para el éxito. Ella inspira la energía necesaria para hacer el trabajo.

A lo mejor piensa que esta sección es la menos valiosa para usted. Después de todo, ¡usted vino a los Estados Unidos! ¡Obviamente está motivado! ¡Obviamente está decidido a tener éxito! *Si puede acumular la misma energía interna que usó para desear, comprometerse, prepararse y realmente completar su propósito de venir a los Estados Unidos, y aplica esa energía a todas las áreas de su vida, suyas serán las recompensas.* Lamentablemente, en unos cuantos inmigrantes la motivación interna parece marchitarse con las primeras desilusiones en los Estados Unidos.

Tenga en cuenta que <u>uno va en la dirección en la que uno tiende a pensar más</u>. Si uno piensa que definitivamente encontrará un buen trabajo, probablemente lo conseguirá. Si uno piensa que puede tener éxito, probablemente lo tendrá. Los pensamientos de triunfo producen motivación interna. La energía surge de manera natural para ir tras la meta.

◆ Perseverancia

"Muchos fracasados son personas que no se dieron cuenta de lo cerca que estaban de lograrlo cuando se rindieron." - Thomas Edison

Al lado de la motivación interna está la perseverancia, el recargador de la motivación. Todos los esfuerzos por alcanzar el éxito son inútiles si no se persevera. ¿Qué tan propenso es a decir, "traté de hacerlo, pero no funcionó"? ¿Dónde estaría el medallista olímpico estadounidense Dan Jansen, campeón de patinaje de velocidad, si hubiera dicho eso después de su primer intento por la medalla de oro? Jansen compitió en muchas carreras en múltiples Olimpíadas y perdió en todas. Finalmente, en la última carrera de su último intento en una Olimpíada logró ganar la medalla de oro.

Todas las personas exitosas han experimentado fracasos, pero perseveraron. Algunos días parecerá que su deseo de alcanzar el éxito ha disminuido. Parece que se debilita ese anhelo intenso. Comenzará a tener dudas. Bueno, no se rinda todavía. Tal vez mañana se sienta diferente. A veces no se puede confiar en los sentimientos porque son muy fugaces, hay que ver más allá para saber qué los está causando. A veces nuestros miedos y las críticas de los demás nos hacen dudar de nosotros mismos. Otras veces tal vez nos sintamos muy cansados o perezosos. Siempre tenemos que ser escépticos cuando nuestros sentimientos nos digan que nos rindamos.

◆ Integridad

"Los hombres ricos y la mujeres bellas nunca oyen la verdad."
- un billonario

Un paréntesis humorístico:
Un zapatero está hablando con un filósofo: "dígame, ¿usted sigue los consejos que le da a los demás?"
Filósofo: "No, ¿usted se pone todos los zapatos que hace?"

El principio más difícil de definir y mantener es el principio de la integridad. La integridad incluye decir la verdad conforme a sus convicciones y experiencia, mantener sus promesas, y estar atentos a los demás. La integridad es difícil de mantener porque a veces es arriesgada.

La cultura estadounidense tolera lo que se conoce como "mentirillas blancas", es decir, las mentiras que se dicen, por ejemplo, para no herir a los demás. Si no le gusta el vestido de alguien, no es un gran pecado decirle que "es bonito". Por supuesto, las mentiras a veces no tienen límites. Eso tal vez sea producto de alguna influencia cultural, pero más a menudo se trata de una decisión personal. Si usted se crió en una cultura donde las mentiras se toleran y no dañan seriamente la reputación, tenga en cuenta que en este país las repercusiones serán diferentes.

Sin que importe lo que su cultura acepte como una "mentirita" o una "medio verdad", por definición, una persona no puede ser íntegra si dice una cosa, pero hace otra. Lo que usted dice debe corresponder a la forma en que vive. Si espera que las personas sean honestas con usted, tiene que ser honesto con ellas. Si prometió ser fiel a su cónyuge, sea fiel. Si dice que estará ahí a las nueve en punto, esté ahí a las nueve en punto. La gente que constantemente hace promesas que raras veces cumple tiene poca integridad. Les será difícil alcanzar el éxito.

La integridad se extiende a los demás. ¿Cómo puede ser íntegro si no trata de detener a un amigo que pretende hacer algo malo? La integridad exige que esté atento a los demás y proteja a los más débiles.

La integridad exige mucho, pero sus recompensas son hermosas. Sosteniendo la verdad, cumpliendo las promesas y ayudando a los demás usted mantiene en alto su honor, su autorespeto y su paz mental. ¿Puede haber mayor satisfacción?

- ♦ **Sentido del humor**

¿Recuerda el consejo de la mujer con el CI más alto? Al lado de su consejo de tomar la vida de manera menos personal se encuentra la gran idea de tomarse a sí mismo de manera menos personal. Usted comete un error ¿y qué? ríase un poco y aprenda lo que pueda de eso.

Tomarse menos en serio no significa que deba tomar su trabajo con menos seriedad. Su trabajo, sus sueños, su crecimiento personal son asuntos serios; ellos son los que preparan el camino para el éxito. Usted no puede controlarlo todo. Las cosas seguirán su rumbo si está ahí o no. Habrá sorpresas. Habrá errores. El humor es su arma para conservarse joven, benévolo consigo mismo y sano a través de los altibajos de la vida.

- ♦ **Salud física**

"La función principal de su cuerpo es llevar su cerebro a donde vaya".
- Thomas Edison

Un paréntesis humorístico:
"Conocí a un hombre que dejó de fumar, de tomar, de tener relaciones sexuales y de comer comidas grasosas. Se conservó sano hasta el mismo día en que se suicidó." - Johnny Carson

Su bienestar físico influye mucho en su bienestar mental. De hecho, ocuparse de su cuerpo y controlar sus diferentes apetitos es lo primero que debe hacer si desea desarrollar los hábitos y actitudes mentales necesarios para el éxito. Es difícil fortalecerse emocionalmente si no se cuida la salud física. Cuando se trate de su salud, y de cualquier hábito que pueda influir en ella, la moderación es siempre la mejor guía.

Los recién llegados a los Estados Unidos a menudo exclaman que los estadounidenses son "tan grandotes". Y, por supuesto, ellos mismos engordan después de unos pocos meses de comida estadounidense. Las malas tentaciones abundan en los Estados Unidos.

Sin que importe lo joven que sea, la forma en que se ocupe de sí mismo va a determinar lo rápido que envejecerá y cuánto vivirá. Muchos sueños de juventud nunca llegan a hacerse realidad debido a una muerte prematura por conductas autodestructivas, como conducir imprudentemente, la drogadicción, el alcoholismo, las enfermedades contagiosas, y especialmente el hábito de fumar. En los Estados Unidos, el número total de muertes causadas por el uso ilegal de drogas, suicidio, homicidio y accidentes de tránsito <u>es menor</u> que la cantidad de muertes causadas por el cigarrillo (David Kessler, 1994). Afortunadamente, fumar es cada vez menos popular. ¿Alguna vez ha visto a alguien que lamente haber dejado de fumar?

Al igual que en su país natal, en los Estados Unidos también va a encontrar malas influencias. De usted depende elegir lo que lo mantendrá vivo y saludable.

♦ Salud espiritual

Nuestra salud espiritual toca todos los aspectos de nuestras vidas - la gente, el trabajo, las aspiraciones, la satisfacción. Nuestra relación con Dios determina nuestra salud espiritual. Si falta esa relación nuestra salud espiritual será deficiente.

La práctica de una religión específica y el nombre que le demos a Dios, ya sea Padre, Yaweh, Buda, Jehová, Alá, o cualquier otro, no reemplaza la práctica de nuestro amor a Él y al prójimo. La enseñanza fundamental de la mayoría de las principales religiones del mundo es prácticamente la misma: tratar a los demás como queremos que nos traten. Lo que está en nuestros corazones y la forma en que vivimos siempre serán lo más importante.

Decir que "no me enseñaron a creer en Dios" no sirve de excusa para la manera en que pensamos cuando somos adultos. Usted está donde está en la vida gracias a lo que cree y a lo que no cree. Esto se aplica no sólo a las personas, sino a los países y naciones. Si no está satisfecho con sus circunstancias, cambie sus creencias.

Durante toda su vida, una pequeña voz en su cabeza le estará enviando mensajes sobre las cosas que debe o no debe hacer. La gente le da diferentes nombres: corazonadas, espíritu, intuición, mensaje de Dios, conciencia. No importa cómo la llame, su pequeña voz está ahí para <u>ayudarlo a hacer lo correcto</u>, para mantenerlo en el camino correcto. Es tenaz y apremiante. Si no le hace caso, primero le enviará un susurro de advertencia, luego tal vez lo golpee una piedrita, después un ladrillo, y luego una montaña de piedras. La etapa en que capte el mensaje depende exclusivamente de usted.

Una vez acepté un trabajo en una compañía corrupta. Mi pequeña voz trató de advertirme. Yo sentía que no debía estar allí, pero me quedé. La piedrita vino cuando muchos empleados se fueron. Me di cuenta, pero me quedé. Luego vino el ladrillo cuando descubrí que la compañía vendía sus productos con sobreprecios, y que a través de un astuto plan financiero conseguía ocultarlo. Y yo seguía ahí. La montaña de piedras me cayó encima cuando la compañía quebró debiéndome más de 80.000 dólares en comisiones. Por fin entendí el mensaje.

A veces la pequeña voz sólo da una advertencia. Los adolescentes solteros todo el tiempo oyen susurros sobre abstenerse de tener relaciones sexuales. Ellos saben que así debería ser, pero muchos no se abstienen. Muchas veces la montaña de piedras de un embarazo no deseado les cae encima enseguida. Si persiste en ignorar a la pequeña voz, ella se irá debilitando progresivamente. Es como un músculo, que si no se usa, se atrofia. Sus problemas aumentarán y aumentarán. Los hospitales, las cárceles y los cementerios probablemente estén llenos de gente que sencillamente ignoró a su pequeña voz. La mejor política es escucharla. Obedézcala en la fase de susurro.

Recuerde, <u>una salud espiritual endeble no va a impedir que alcance el éxito, pero evitará que se sienta satisfecho</u>. En esta vida difícil y misteriosa, su conciencia, su fe y su amor son sus mejores guías para una buena salud espiritual.

En resumen, los hábitos y las actitudes del éxito incluyen sentirse bien consigo mismo y con los demás, desarrollar una imagen mental positiva, mantener una fuerte motivación interior, tener perseverancia, integridad y sentido del humor, y mejorar su bienestar físico y espiritual.

■ Preguntas:
1. ¿Cómo define usted el éxito?
2. ¿Qué hábitos y actitudes del éxito representan un mayor desafío para usted?
3. ¿Qué pasos dará para continuar su desarrollo personal?

Los enemigos del éxito

"El mundo se mueve tan rápido en estos días que mientras uno está diciendo que no se puede, generalmente lo interrumpe otro que lo está haciendo".
-- Harry Emerson Fosdick

Ninguno de nosotros puede estar seguro de cómo terminarán los diferentes acontecimientos de nuestras vidas. ¿Los resultados serán buenos o malos? Esa incertidumbre trae consigo unos cuantos enemigos: la preocupación, el miedo y la depresión. Seguramente los conoceremos.

♦ **La preocupación**

"Soy un hombre viejo y he tenido grandes problemas, pero casi ninguno llegó a ocurrir". - Mark Twain

A menudo la gente pasa mucho tiempo ensimismada en sus ansiedades, y nunca se cuestionan la pertinencia de su preocupaciones. Sólo se preocupan, se preocupan y siguen preocupándose. La mayoría de sus preocupaciones se relaciona con cosas que nunca ocurrirán o que ya ocurrieron.

En la búsqueda del éxito, seguramente lo distraerán ciertas cosas por las que hay que preocuparse. No hay escapatoria. Si le preocupa algo que puede controlar, actúe. Haga algo al respecto. Si se trata de algo que no puede controlar, deje de preocuparse. Más bien tome medidas para protegerse y prepararse.

El consejo de muchas personas exitosas es que si uno no quiere que le pase algo malo, hay que pensar en eso lo menos posible. Preocuparse puede llegar a ser una profecía que se cumple. A menudo atraemos las cosas que nos preocupan. El niño que se sube a un árbol y se preocupa porque puede caerse, probablemente se caerá. La mujer preocupada porque su marido pueda serle infiel, probablemente lo esté induciendo a ser infiel. Piense en lo que usted quiere que ocurra, no en lo que no quiere que ocurra.

El siguiente es uno de mis poemas humorísticos favoritos:
¿De qué te preocupas?
Sólo hay dos cosas de que preocuparse; o estás bien o estás enfermo
Si estás bien, no tienes nada de que preocuparte.
Si estás enfermo, sólo hay dos cosas de que preocuparse; o te curas o te mueres.
Si te curas, no tienes nada de que preocuparte.

Si te mueres, sólo hay dos cosas de que preocuparse; o vas al cielo o vas al infierno.
Si vas al cielo, no tienes nada de que preocuparte.
Si vas al infierno, estarás tan ocupado saludando a tus amigos que no tendrás tiempo de preocuparte.
-- Anónimo

♦ Miedo

"La vida es un compromiso entre lo que su ego quiere hacer, lo que le dice la experiencia y lo que sus nervios le dejan hacer." - Bruce Crampton

Un paréntesis humorístico:
Un viajero le pregunta a una persona: "Amigo, dígame, si atravieso este campo, ¿cuánto tiempo tardaré en llegar al pueblo?"
El hombre le contesta: "si mi toro lo ve, quince minutos; si no, una hora."

Todo el mundo conoce la sensación de miedo. Al igual que la preocupación, el miedo es simplemente nuestra mente imaginándose que algo malo va a ocurrir. Esperamos el desastre. Si el miedo es por su seguridad física, entonces probablemente deba hacerle caso. Si su miedo es al fracaso en lo que desea hacer, probablemente no debería hacerle caso.

La mayoría de las personas normales se agitan o se ponen nerviosas antes de una situación importante. Esas emociones pueden confundirse con el temor o con una señal de debilidad, pero en realidad se trata de pura agitación emocional y son una señal de fortaleza si se preparó bien. Antes de presentar un examen crucial, antes de dar ese discurso, antes de conocer a esa persona importante, antes de ir a esa entrevista, la sensación extraña en su estómago es una señal de que hará un buen trabajo si se concentra en el éxito.

¿De qué tiene miedo? ¿Es un miedo irrazonable? ¿Limita lo que experimenta en la vida y lo que puede lograr? Contrólelo reconociendo primero a qué le teme. Luego, así como con las preocupaciones, canalícelo hacia algo productivo. Mientras más enfrente su miedo, menos le temerá.

Tener coraje es hacer lo que tememos hacer. Es por eso que lo admiramos tanto. No puede haber coraje si no sentimos temor.

♦ Depresión

"Cuando se cierra una puerta a la felicidad, otra se abre; pero a menudo nos quedamos tanto tiempo mirando la puerta cerrada que no vemos la que se nos abrió." - Helen Keller

En la sección "Salud, Seguridad y Otros Datos" presentamos una lista de las señales de alerta de la depresión. Vale la pena mencionar otra vez lo usual que es la depresión entre los recién llegados. Durante su período de ajuste a este país tal vez se sienta solitario, agobiado y tenso. Tal vez obtenga poca satisfacción de sus nuevas relaciones, y extrañe a los familiares y amigos de su país natal. Si no lo controla, eso puede ser un gran obstáculo para su éxito.

Algunas culturas consideran que la depresión es una señal de debilidad. No lo es. Se trata de una enfermedad y es más común que la tensión alta. En algún momento de la vida, la mayoría de las personas experimentará una depresión leve o moderada. En las formas severas de depresión, los agentes químicos del cerebro realmente sufren cambios. Ese tipo de depresión por lo general se trata con medicamentos.

Preste atención a sus pensamientos y sentimientos. Los pensamientos negativos constantes pueden terminar en depresión y otras manifestaciones físicas. Usted puede hacer algo para controlar la depresión. Empéñese en ser más asertivo y sociable con otras personas. No se encierre en sí mismo, cerrándole la puerta a nuevas experiencias y relaciones. Tome poco o nada de bebidas alcohólicas. Haga ejercicio regularmente, especialmente cuando aparezcan los sentimientos malos. Existen numerosos estudios que demuestran que hacer ejercicio alivia la depresión, ya que en realidad cambia los químicos en el cerebro.

Un buen psicólogo o el doctor de la familia pueden ser muy útiles para manejar un episodio de depresión. Jamás pierda la perspectiva. ¿En realidad la vida es tan terrible para usted? La siguiente historia de la vida real ilustra un punto importante.

El Dr. Adolfo López, un respetado y talentoso médico de Venezuela, experimentó sus momentos de desesperanza más profunda en los Estados Unidos. Su matrimonio se estaba desmoronando, su preciosa bebé murió, las presiones financieras lo estaban asfixiando. Era el período más aciago de su vida, hasta el día en que vio a una niña parapléjica que iba en silla de ruedas al hospital donde él trabajaba. Mientras esperaban el ascensor, se puso a conversar con la niña. Ella podía "hablarle" escribiendo en su computador. Cuando llegó a su despacho, el doctor apoyó la cabeza en las manos y pensó en su buena suerte: poder caminar, hablar, ser libre. Fueron sus primeros sentimientos de paz y gratitud en mucho tiempo.

No permita que la depresión se evidencie y se vuelva un hábito. Mantenga las cosas en perspectiva. Igual que con la preocupación, la depresión es un obstáculo temporal, si se empeña en vencerla.

■ Preguntas:
1. ¿A qué enemigos del éxito derrotó en el pasado?
2. ¿A cuáles está enfrentando ahora?

Satisfacción en Estados Unidos

"Creí que había llegado a un punto en mi vida donde todo sería más sencillo. Pero no es así. Parece que nunca es fácil".

-- Sylvester Stallone

La vida es difícil. No es sólo porque usted acaba de llegar a este país. <u>Siempre será difícil</u>. Acepte este hecho. La vida está llena de problemas para todos. Si piensa que para los demás es más fácil porque nacieron aquí o porque tienen más dinero o porque tienen menos obligaciones, probablemente es porque no entiende las otras dificultades que ellos enfrentan.

La forma en que una persona reacciona y maneja los problemas de la vida determina su capacidad para ser feliz. La mayoría de la gente exitosa cree que el camino más fácil a la felicidad está en decidirse a sentir satisfacción por lo que tiene ahora, vivir en el presente, luchar por sus metas y ayudar a otras personas. He oído decir que la felicidad es un <u>efecto secundario</u>. Buscar la felicidad no nos hace felices. Buscar algo para disfrutar nuestros talentos, algo que mejore las cosas para los demás, algo que nos ayude a "absorbernos" en nuestro trabajo, eso nos hace felices.

Ponerse a desear o a esperar que la felicidad nos llegue, de hecho la pospone. Por ejemplo, usted puede decir: "sería más feliz si hablara mejor inglés, si tuviera más dinero, si estuviera otra vez en mi país, si tuviera un empleo, si fuera fin de semana, si me casara". ¿Se da cuenta de cómo desear o esperar acontecimientos especiales pospone su felicidad a una fecha en el futuro? Usted está pensado en lo que no tiene. No siente satisfacción por <u>lo que tiene</u>. En lugar de torturarse, simplemente tome la decisión de ser una persona feliz y satisfecha ahora. Sentirse satisfecho con lo que ha logrado hasta ahora no va a impedir que progrese más.

Vivir su vida en el presente, vivir el momento en que está haciendo las cosas, es un paso importante hacia la felicidad. Es difícil controlar los pensamientos, pero dedicarse a soñar despierto alimenta la infelicidad, porque se pierde de lo que está haciendo ahora. Por ejemplo, si está ante una cena deliciosa y no deja de pensar en alguna pelea que tuvo con su jefe, ¿cuánto cree que va a disfrutar su comida? La gente exitosa recomienda prestar atención a la vida a nuestro alrededor, para no dejar pasar la satisfacción y las oportunidades que ella nos ofrece.

Los placeres diarios brindan una satisfacción de corto plazo. <u>La satisfacción que dura toda la vida sólo se alcanza mediante la búsqueda del</u>

sueño de su vida. Tal vez venir a los Estados Unidos fue uno de sus grandes sueños. Ya lo hizo realidad. Ahora necesitará creer en otro sueño. De eso depende su satisfacción con su nueva vida.

La satisfacción también depende de nuestras relaciones con otras personas, con nuestro cónyuge, nuestra familia, nuestros amigos. La forma en que ayudamos a otras personas, incluso a extraños, afecta directamente nuestra felicidad personal. Como dice el dicho: "no podemos levantar una antorcha para iluminar el camino de otra persona sin iluminar el nuestro" (Ben Sweetland). Sin embargo, eso no significa que esperemos que nuestra felicidad venga de otra persona. He conocido a muchos recién llegados que tienen una mentalidad de dependencia, dicen: "¿qué puede hacer por mí?, acabo de llegar, no sé nada, usted sabe más, ayúdeme". Piense en la satisfacción que sentiría y la mejor impresión que daría si dijera más bien: "¿qué puedo hacer por usted?, estoy aquí para ayudar, para aprender, para involucrarme".

Así pues, es muy posible ser feliz, ¿no es así? La vida es dura, es cierto; pero también es cierto que usted puede decidir ser una persona feliz de todos modos. ¡Ah!, pero para eso es necesario que evite las cuatro trampas del apego.

♦ Trampa del Apego N° 1 - Anhelar Dinero

"Un pobre que es infeliz está en mejor posición que un rico infeliz, porque al pobre le quedan esperanzas. Piensa que el dinero lo ayudará."

-- Jean Kerr

Obviamente, muchas personas vienen a Estados Unidos por razones económicas. Dicho sin sutilezas, vienen por el dinero. Sin que importe su estatus económico, muchos piensan que es más fácil conseguir dinero en los Estados Unidos. Muchos se consumen por el dinero, lo anhelan fervientemente, piensan en eso todo el tiempo, hacen cualquier cosa por obtenerlo. El problema no es el dinero. El problema es ese anhelo desmedido. Es la trampa del apego N° 1 y una gran causa de infelicidad.

Sí, el dinero es importante y en este libro le dedicamos toda una sección, pero vamos a ponerlo en perspectiva. ¿Vendería sus ojos por un millón de dólares, o a su hijo, o su salud? O si alguien le ofreciera 100 millones de dólares, una mansión, un automóvil de lujo y un televisor con 100 canales a condición de que se vaya a vivir en una isla desierta donde nunca verá a nadie más ¿lo aceptaría? Por supuesto que no.

¿Y qué sucedería si no tuviera que dar nada a cambio y el dinero viniera gratuitamente? ¿Sería más feliz así? Es probable que sí, pero sólo temporalmente. Cada vez que entrevistan a ganadores de la lotería de un millón de dólares, estos dicen que el primer año (nuevamente, el período de la luna de miel) disfrutaron de un descanso de sus cargas económicas, mucha atención, más amigos, y la emoción de comprar lo que querían. Pero el dinero no los mantuvo satisfechos. Y, de hecho, a menudo el dinero daña sus sueños y las relaciones con sus familias.

¿Eso quiere decir que usted es una mala persona si vino por el dinero? No. Sólo recuerde que lo que le brindará la mayor satisfacción en la vida son las cosas de las que ya hablamos, no el dinero. Las personas que siempre están pensando en dinero por lo general van cada vez más lejos para alcanzarlo, o lo pierden al poco tiempo de haberlo conseguido.

Ya sea que tenga mucho dinero o muy poco, siempre podrá triunfar. Lo importante es que está vivo. Si tiene una actitud realista y saludable hacia el dinero, será más fácil ganarlo y mucho más fácil ahorrarlo. No gastará tanto, lo que nos lleva a la trampa del apego N° 2.

◆ Trampa del Apego N° 2 – El Amor a las Cosas Materiales

"No moriré solo, ya lo arreglé todo, una tumba que es lo suficientemente profunda y ancha para mí y mi montaña de cosas ..."
-- Estrofa de una canción, Tracy Chapman

La segunda trampa del apego es perseguir cosas materiales. Vamos a darle un vistazo a la vida típica de alguien que quiere cosas.

Un joven tiene un empleo y vive en un pequeño apartamento. Ahorra algún dinero, compra algunas cosas y quiere vivir en un lugar más grande. Se compra una casa agradable y modesta. Sigue trabajando duro. Hace más dinero. Se compra un automóvil bonito y más cosas. Decide cambiarse otra vez, esta vez a una casa grande. Deja a sus amigos y vecinos y se cambia a una vecindad lujosa, donde hay casas grandes. ¡Caramba, se pueden acomodar tantas cosas en su casa nueva! Compra más. Hace nuevos amigos. ¡Ah!, pero ve que sus nuevos amigos tienen más cosas que él. Tiene que ponerse a la par. Trabaja aun más duro, quizás hasta hace cosas que no desea hacer, pasa por encima de los demás, descuida a su familia, tal vez hasta se enferme por el trabajo. Pero está convencido de que tiene que comprar más cosas.

Entonces un día, de repente, es un hombre viejo. Se aburre de sus cosas. Las regala o las vende. Se cambia a un apartamento pequeño y piensa en su vida. ¿Qué cree que estará recordando en su vejez? ¿Su primer automóvil o a su primera novia? ¿Lo maravilloso que era su gran televisor o la emoción que sentía cuando su pequeño hijo lo abrazaba? ¿Qué deseará haber hecho? ¿De qué se arrepentirá?

Apegarnos a cosas materiales, coleccionar posesiones, es tan inútil y frustrante como enamorarnos de alguien que no nos corresponde. Podemos amar las joyas, los grandes autos, la ropa de moda, pero ellos no pueden correspondernos. Es energía perdida.

No se deje atrapar por el materialismo en esta tierra de oportunidades. Tenga claro su propósito, concéntrese en sus metas y compre principalmente las cosas que necesita para alcanzarlas.

♦ Trampa del Apego N° 3 - "Yo soy así"

"Si siempre hace lo que siempre ha hecho, obtendrá siempre lo que siempre obtuvo." -- Anónimo

Existe otra trampa del apego: el apego a su forma de ser. Una cosa es que se conozca mejor, otra muy diferente es creer que nunca podría ser distinto. Ésa actitud es un semillero de problemas, porque limita lo que esté tratando de lograr.

Robert Schuller, el famoso evangelista utiliza una historia graciosa que ilustra los límites que las personas se ponen a veces a sí mismas. Un hombre observa a un pescador en su bote. Nota que el pescador saca muchos peces, pero sólo se queda con los pequeños y devuelve al mar los más grandes. Confundido, el hombre le grita al pescador, "¿por qué sigue botando los grandes?", y el pescador le contesta: "porque mi sartén sólo tiene 10 pulgadas".

¿Alguna vez creyó que no podía hacer algo porque iba en contra de su forma de ser? Bueno, su forma de ser lo hará caer en una trampa, si la deja. Por ejemplo, si un hombre siente que nunca podrá tener amigos de cierto grupo étnico, estará limitando con quién se reúne, dónde trabaja, dónde vive. O si una mujer no quiere aprender a manejar porque en su país las mujeres no manejan, ¿cuánto se estará limitando a sí misma en los Estados Unidos?

Usted puede evitar la trampa del apego N° 3 <u>haciendo exactamente</u> lo que normalmente no haría. Si siente que siempre debe ganar una discusión, deje que otro la gane. Si le gusta dormir de más, levántese una hora más temprano. Si se considera un gran derrochador, más bien invierta su dinero. Obligarse a ir en contra de su naturaleza requiere mucho autocontrol, pero produce una gran satisfacción.

♦ Trampa del Apego N° 4 - "Se supone que debe ser así"

"Ay, qué cosa tan amarga es ver la felicidad a través de los ojos de otro". -- William Shakespeare

Apegarse a la manera en que "se suponen" que sean las cosas es un gran enemigo de la felicidad. Es la última trampa del apego. Ciertamente "se supone que <u>hagamos</u>" algunas cosas. Es razonable suponer que cuando tenga hijos cuidará de ellos; pero es irrazonable pensar que tiene que hacer todo el trabajo de la casa porque es mujer y "se supone que debe <u>ser</u> así". ¿Ve la diferencia?

Podemos decir que "se supone" que una tostadora, una computadora y un teléfono funcionen. Sin embargo, no se debe usar ese "suponer" para anticipar los acontecimientos de la vida o la conducta de otra persona. "Supuestamente yo debería estar casado a estas alturas, se suponía que me iban a mantener, se supone que se haga así, etc." Qué desilusión cuando esas cosas no ocurren. Las personas y los acontecimientos son demasiado variables para predecirlos, ¡y hay tantas formas de hacer las cosas!

Esta trampa del apego hace daño sobre todo cuando pasan cosas buenas, porque impide que las personas puedan apreciarlas. Creen que se supone que sea así, que es su derecho. Si la gente lo ayuda, bueno, se supone que sea así "porque yo soy el más joven, o estoy enfermo, o acabo de llegar a este país, o porque me lo deben". No se sentirán satisfechos con un poquito, ni tampoco con mucho.

Suficientes ejemplos. Creo que ya se dio cuenta del patrón. Los apegos dañan la felicidad. Literalmente la controlan. Si busca ser una persona feliz y satisfecha con su nueva vida en los Estados Unidos, practique cómo abandonar los cuatro apegos. Y recuerde siempre su buena suerte. La siguiente cita lo expresa muy bien: "nada más piense en lo feliz que sería si pierde todo lo que tiene ahora y luego lo recupera". Imagínese ... todo lo que tiene y todas las personas que ama desaparecen. No queda nada. Pasa todo un mes. Luego lo recupera todo. Caramba, ¡apuesto a que estaría feliz!

■ Preguntas:
1. ¿Qué lo haría sentirse satisfecho con su nueva vida?
2. ¿Qué trampas del apego podrían causarle problemas?

Su Familia

En los Estados Unidos existen muchas tentaciones, muchas oportunidades, muchas influencias, muchos caminos para descarriarse. Algunos de los miembros de su familia se adaptarán más rápido. Otros lucharán. ¿Cómo mantendrá unida a su familia en este nuevo mundo? No es fácil. Ayuda recordar las palabras del autor Brian Tracy: "ningún sueño que logre, ninguna riqueza o fama que obtenga, ningún respeto de extraños que se gane, podrá compensar nunca las pérdidas en la felicidad de su familia". La siguiente historia de un pionero ilustra dónde se puede encontrar la verdadera satisfacción.

Rudy Paul escapó audazmente de Alemania Oriental cuando era joven. Después de cortas estadías en Suecia, Alemania Occidental, Inglaterra y Escocia, cruzó el Atlántico y llegó a los Estados Unidos en 1971. Cuando sus amigos se fueron a Australia, seducidos en ese entonces por las ofertas de trabajo y de pasajes gratuitos, él tomó otra ruta. Su razón principal para venir a Estados Unidos fue la misma de muchos otros inmigrantes: su situación económica. Con la ayuda de amigos encontró trabajo en un restaurante.

Una gran corporación, impresionada con su ética de trabajo y sus capacidades, patrocinó su visa de empleo. Rudy se enamoró y se casó con una estadounidense. Después de adquirir más experiencia en buenos restaurantes, encontró un socio y abrió su propio negocio con mucho éxito. Cuando le preguntaron qué le había dado más alegría y satisfacción en la vida, sin ningún tipo de dudas Rudy contestó "ver crecer a mis nietos". Su éxito provino de su fe en sus capacidades, del trabajo duro y de los riesgos calculados, pero las decisiones que tomó por el amor a su familia lo consolidaron.

♦ **La Decisión Más Seria de su Vida**

"Mantenga los ojos muy abiertos antes de casarse, y medio cerrados después." - Benjamin Franklin

Probablemente escoger un cónyuge sea la decisión más seria que tomará en toda su vida. Cuando trabajaba como representante de productos farmacéuticos, la mayoría de mis clientes era psiquiatras y médicos de familia, personas que ven muchos escenarios matrimoniales. Casi todos coincidían en que el matrimonio es una propuesta difícil, pero que si la pareja tiene antecedentes similares y personalidades opuestas, habría una buena base para el éxito.

Los antecedentes similares incluyen la raza, la religión, las tradiciones, las costumbres, la posición económica, el lugar de nacimiento, el tamaño de la familia, y los valores sobre la familia, el dinero y la disciplina. Las diferencias de personalidad dictan que a una persona tímida le iría bien con una persona atrevida, a un hablador con una persona que sepa escuchar, a una persona orientada hacia la carrera con un cónyuge menos interesado en una carrera, a una persona de mucha energía con una persona más tranquila.

Algunos inmigrantes vienen encandilados por la posibilidad de tener un pasaporte estadounidense. Buscan casarse con un estadounidense a la primera oportunidad, sin que importen los potenciales problemas que podrían surgir al sacrificar los antecedentes. Esos matrimonios pueden durar con mucho esfuerzo y compromiso.

♦ La Segunda Decisión Más Seria

"Si estropea la crianza de sus hijos, creo que lo demás que haga no tendrá mayor importancia." -- Jacqueline Kennedy Onassis

Escuché a un hombre que hablaba sobre sus cuatro hijos y sobre algunos de los errores que cometió al criarlos, los mismos errores que comete mucha gente, en realidad. El hombre contó una anécdota, más o menos así, sobre un cachorro: tuvimos un cachorro nuevo, y estaba lleno de vida. Quería correr por el jardín, explorar, ladrar, hacer todas las cosas que hacen los cachorros. Lo pusimos en una jaula para que no ensuciara la casa. Lo fastidiábamos de vez en cuando, lo entrenamos para que hiciera algunos trucos, le pegábamos, lo enseñamos a obedecer. Cuando el cachorro creció, lo sacamos de la jaula. Nos inclinamos para acariciarlo y nos mordió. Entonces gritamos, "¿cómo pudiste hacernos esto? Te alimenté, te di abrigo, te crié, sacrifiqué mi juventud, mi energía, mi tiempo por ti! ¿Así me lo agradeces?"

Su intención al venir a los Estados Unidos puede haber sido "construir una vida mejor para los hijos", pero fue usted el que tomó la decisión final de venir. Para mantener su autoridad y el respeto de sus hijos, tendrá que llegar a ciertos compromisos. Probablemente ellos se ajustarán más rápido a su nueva vida. Querrán ser más independientes, más como sus amigos, más parecidos a los estadounidenses. Tal vez usted trate de regresarlos al redil. Usted puede volverse muy protector.

Nuevamente, no hay respuestas fáciles. Evaluar si algo es seguro física y moralmente, en lugar de concluir que "los niños no hacen eso en mi país", puede ayudarlo a tomar mejores decisiones. Tal vez le sorprenda lo valiosos que pueden ser sus hijos para ayudar a toda la familia a adaptarse a la nueva vida.

■ Preguntas:
1. ¿Qué medidas va a tomar para aumentar el éxito y la satisfacción de su familia?
2. ¿A qué arreglos está dispuesto a llegar?

■ ■ ■

La Declaración de Nuestra Misión

A menudo las compañías escriben declaraciones de misión para guiarse en su existencia diaria. Las declaraciones de misión reflejan los valores de los empleados y las metas de la organización. Así como los comercios se benefician con una declaración de misión, las personas y las familias también pueden beneficiarse de ello. Escribir un párrafo simple y claro puede ser una ayuda para guiar las principales decisiones y consolidar a la familia como una unidad. El siguiente párrafo es una declaración de misión para nuestra familia. Tómese algún tiempo para crear una declaración para los suyos.

> *"Vivir nuestras vidas como personas de integridad, cuestionándonos para asegurarnos de que nuestros motivos y decisiones vienen de nuestra conciencia y no de nuestro miedo. Continuar la tradición de la familia de trabajar para hacer que las cosas sean diferentes en Lituania y en las vidas de otras personas. Por encima de todo, aprender y crecer juntos, sin sucumbir al estancamiento y dándole la bienvenida al cambio. Creemos que esto constituye una gran vida."*

Declaración Final

"Una vez en los Estados Unidos ya no importa de dónde vinimos. Lo que demuestra quiénes somos es a dónde nos dirigimos, y qué hacemos cuando llegamos ahí." -- Joyce Carol Oates

La regla del 80/20 es pertinente para muchas cosas en la vida. El 20% de los clientes generalmente conforma el 80% de los negocios de una firma. El 20% de las inversiones conforma el 80% de las ganancias. El 20% de los empleados hace el 80 % del trabajo. Probablemente un 20% de las personas que lean este libro seguirán el 80% de los pasos para el éxito en este gran país. Ellos son los pioneros: los que andan en pos de nuevos pensamientos, de nuevas actitudes, de nuevas acciones. Sea parte de ese 20%.

Dios quiera que encuentre éxito y alegría en su nueva vida.

¡Buena suerte!

Raimonda Mikatavage

APÉNDICE

"¿Debo quedarme si ya venció mi visa?"

Respuesta:

1. En la mayoría de los casos, si llegó con una visa de turista (B-2) sólo puede prorrogarla legalmente por un total de 12 meses. Las visas de estudiante (F-1) y las visas expedidas por contratos de trabajo tienen sus fechas de expiración.
2. Reflexione seriamente sobre su deseo de permanecer aquí con una visa vencida. La carga psicológica de ser un "ilegal" va a afectar todas las áreas de su vida.
3. Quedarse después de que expiró su visa puede perjudicar sus oportunidades de volver a entrar.
4. Recuerde que quizás esté todavía en la etapa de "luna de miel" con el país. Lea este libro varias veces. ¿Es capaz de asimilar tantos cambios y está dispuesto a hacerlo?
5. Entienda que mientras más se quede, más duro será regresar a su país. Quizás allá tiene parientes y amigos que lo envidian y eso puede darle una sensación artificial de importancia. Mientras

más se quede, más pensará que si regresa lo verán como un fracasado. Mientras más se quede, más tentaciones encontrará para "quedarme un poquito más a ver qué pasa".
6. Anote en un papel todas las ventajas y las desventajas de quedarse. Añada cosas a esas listas todos los días. Cada sentimiento, cada confusión, cada cosa que le guste y le disguste de Estados Unidos, todo lo que añora de su país. ¿Cuál de las dos listas es más larga?
7. Ponga a prueba su decisión planificando su independencia. Las personas que vino a visitar no le van a dar alojamiento toda la vida. ¿Dónde va a vivir? ¿Qué va a hacer? ¿Su plan es viable? ¿Puede costearlo?
8. Mientras esté haciendo eso, experimente cómo es la vida real en Estados Unidos. Esta nación es independencia, individualismo y logros. Si en su país siempre hubo alguien que cuidara de usted, ya fuera el gobierno o sus padres, aquí tendrá que luchar para salir adelante. <u>Recuerde siempre que hay muchos estadounidenses que también están en esa lucha. Así que, ¿cómo cree que serán sus próximos años</u>?
9. Si todavía quiere quedarse, consulte con un buen abogado especializado en inmigración. Pida a la embajada de su país que le recomiende alguno. Llame a la *American Immigration Lawyers Association,* ☎1-202-371-9377, para que le den más informaciones sobre cómo encontrar uno. ¿Cuáles son las probabilidades de cambiar el estatus de su visa?
10. Puesto que nuestras relaciones con otras personas son las que nos hacen sentir el mayor contento con la vida, hágase esta última pregunta: ¿qué vínculos, en Estados Unidos y en su país, sufrirán más por su decisión de no regresar?

Información Valiosa

Llame a los números telefónicos que se ofrecen a continuación para recibir publicaciones gratuitas y más información. En muchos casos esas instituciones tienen especialistas bilingües. Vea también la sección **Mirando en Internet**.

♦ Educación

AmeriCorp; Volunteers in Service to America (VISTA); información sobre cómo reducir su crédito educativo haciendo trabajo voluntario.
☎1-800-942-2677

Education Resources Information Center; extensa base de datos en el área de la educación.
☎1-800-LET-ERIC (538-3742)

Federal Student Aid Information Center; información sobre becas Pell Grants y otros programas.
☎1-800-433-3243

National Clearinghouse for Bilingual Education (NCBE), en la George Washington University.
☎1-800-321-6223

10 Colleges que ofrecen educación de primera clase a precios muy ventajosos. Conforme a *Time* y *Princeton Review*, 1997. Los costos que aparecen son por derechos de matrícula para estudiantes de otros estados. Los que residen en el estado correspondiente pagan mucho menos.

✓ Grove City College (Pennsylvania)	$ 6,917
✓ New College of the University of South Florida	$ 8,461
✓ State University of New York at Binghamton	$ 8,865
✓ State University of New York College at Geneseo	$ 8,909
✓ St. Mary's College of Maryland	$ 9,555
✓ University of North Carolina at Chapel Hill	$10,700
✓ University of California, Berkeley	$12,350
✓ University of California, Los Angeles	$12,401
✓ Rice University (Texas)	$12,600
✓ University of Virginia	$14,434

♦ Trabajo

U.S. Department of Labor información general y sobre cuestiones laborales.
☎1-800-366-2753

Labor Certification Division, U.S. Department of Labor; información sobre certificación laboral y permisos de trabajo para extranjeros.
☎1-202-219-5263

Job Accommodation Network; información y referencias para personas con incapacidades en el lugar de trabajo.
☎1-800-526-7234

The Small Business Administration's (SBA) help desk.
☎1-800-U-ASK-SBA (827-5722)

Equal Employment Opportunity Commission (EEOC).
☎1-800-669-3362

Áreas de trabajo de mayor crecimiento, conforme a *Kiplinger's Personal Finance Magazine*.

✓ Auxiliares de salud domiciliarios	Home health aides
✓ Servicio social	Social service workers
✓ Empleados domésticos	Household workers
✓ Ingenieros en computación y científicos	Computer engineers and scientists
✓ Analistas de sistemas	Systems analysts
✓ Asistentes de terapia física	Physical therapy assistants
✓ Fisioterapistas	Physical therapists
✓ Paralegales	Paralegals
✓ Maestros de educación especial	Special education teachers
✓ Asistentes médicos	Medical assistants

♦ Dinero

IRS. Planillas y publicaciones sobre impuestos.
☎1-800-TAX-FORM (829-3676)

IRS. Línea de ayuda sobre cuestiones fiscales
☎1-800-829-1040

♦ Servicios legales

American Immigration Lawyers Association (AILA); información sobre sucursales locales y listas de abogados especializados en leyes de inmigración.
☎1-202-371-9377

♦ Salud y seguridad

American Board of Medical Specialists
Verifica la certificación de los médicos.
☎1-800-776-2378

Office of Minority Health Resource Center
☎1-800-444-6472

National Insurance Helpline
Información sobre compañías que ofrecen seguros de vida, salud, propiedades y accidente.
☎1-800-942-4242

U.S. Consumer Product Safety Commission (CPSC) Hotline
Servicio de 24 horas sobre seguridad de productos para el consumidor, riesgos y defectos de productos.
☎1-800-638-2772

Cancer Information Service
Información sobre investigaciones sobre el cáncer, cómo dejar de fumar, y otras.
☎1-800-4-CANCER (422-6237)

Office on Smoking and Health
☎1-800-232-1311

National Institute of Dental Research
☎1-301-496-4261

U.S. Department of Health and Human Services
Información sobre servicios médicos gratuitos o de bajo costo.
☎1-800-492-0359

National Maternal and Child Health Clearinghouse; publicaciones y referencias para asuntos de cuidados materno-infantiles.
☎1-703-356-1964

National Mental Health Association
Indicaciones sobre grupos de salud mental.
☎1-800-969-6642

Depression/Awareness, Recognition, and Treatment (D/ART) Program
Información sobre depresión y tratamientos eficaces.
☎1-800-421-4211

National Institute for Occupational Safety and Health
☎1-800-356-4674

National AIDS Hotline
☎1-800-342-AIDS (342-2437)

AIDS Clinical Trials Information Service
Información para pacientes con SIDA o personas seropositivas.
☎1-800-874-2572

Runaway Hotline
☎1-800-621-4000

Covenant House Nineline
Línea de crisis para los jóvenes y sus familias -- desamparo, menores fugitivos, drogas.
☎1-800-999-9999

National Resource Center on Homelessness
☎1-800-444-7415

National Child Abuse Hotline
Ofrece intervención en crisis y consejos en casos de maltrato infantil.
☎1-800-422-4453

Auto Safety Hotline
Ofrece información sobre cinturones de seguridad, automóviles devueltos al fabricante, garantías y regulaciones.
☎1-800-424-9393

National Clearinghouse for Alcohol and Drug Information
☎1-800-729-6686

National Health Information Center
Healthy People 2000 iniciativa del U.S. Department of Health and Human Services. P.O. Box 1133, Washington, DC 20013-1133.
☎1-800-336-4797

Para obtener el **annual crime report** de cualquier estado, llame al departamento de policía de ese estado y pregunte el número telefónico de la Uniform Crime Reporting Unit. Marque ese número y pregunte por el Annual Uniform Crime Report (tal vez en algunos estados lo llamen de otra forma, pero entenderán lo que les está pidiendo.)

♦ Especialmente para personas mayores
===

Tener más de 65 años le da derecho a recibir descuentos en parques, cines, campos de golf, pasajes aéreos, restaurantes. ¡Pida su descuento!

American Association of Retired Persons (AARP)
☎1-800-424-3410 para información general; ☎1-800-456-2277 para prescripciones.

Eldercare Locator; National Association of Area Agencies on Aging.
☎1-800-677-1116

National Council on Aging; información sobre atención de ancianos en el hogar, empleos para personas mayores, cuidados de largo plazo, y otras.
☎1-800-424-9046

National Institute on Aging; publicaciones sobre varios tópicos de salud interesantes para personas mayores; algunas se consiguen en español.
☎1-800-222-2225

Medicare Hotline; información sobre asuntos de Medicare y póliza Medigap.
☎1-800-638-6833

IRS Forms Line; pida la Tax Information for Older Americans – Publication 554.
☎1-800-829-3676

♦ Organizaciones de Asistencia a refugiados e inmigrantes

Estas organizaciones ofrecen diversos servicios para inmigrantes y refugiados, desde rescate hasta reinstalación. Muchas que aparecen en la lista que se ofrece a continuación tienen representaciones en las comunidades de reinstalación más importantes Muchas veces tienen publicaciones en diversos idiomas y prestan ayuda para conocer la legislación estadounidense sobre inmigración. Llame para pedir más información.

United States Catholic Conference
Migration and Refugee Services
3211 4th Street, NE
Washington, DC 20017
☎1-202-541-3170
www.nccbuscc.org

World Relief Corporation
USA Ministries
201 Route 9W North
Congers, NY 10920
☎1-914-268-4135
www.worldrelief.org

Immigration and Refugee Services of America
1717 Massachusetts Avenue, NW, Suite 701
Washington, DC 20036
☎1-202-347-3507
www.irsa-uscr.org

Church World Service
Immigration and Refugee Program
475 Riverside Drive, Room 652
New York, NY 10115-0050
☎1-212-870-3300
www.churchworldservice.org

International Rescue Committee
122 East 42nd Street, 12th Floor
New York, NY 10168-1289
☎1-212-551-3000
www.intrescom.org

Lutheran Immigration and Refugee Service
390 Park Avenue South
New York, NY 10016-8803
☎1-212-532-6350
www.lirs.org

The Domestic and Foreign Missionary Society
The Episcopal Migration Ministries
815 Second Avenue
New York, NY 10017
☎1-212-867-8400
www.dfms.org

Hebrew Immigrant Aid Society
333 Seventh Avenue
New York, NY 10001-5004
☎1-212-967-4100, ☎1-800-442-7714
www.hias.org

♦ **Libros Recommendados**
(busque en las bibliotecas antes de comprar)

✓ *Practical Guide to Practically Anything*, by Peter Bernstein and Christopher Ma, Random House, NY. Una gran fuente de información para el consumidor en cuanto a dinero, viajes, educación, entretenimiento, compras importantes.

✓ *Hello! USA: Everyday Living for International Residents and Visitors*, by Judy Priven, Hello! America, Inc., 5310 Connecticut Ave., N.W., #18, Washington, DC 20015 (☎1-202-966-9385). Información y recursos para recién llegados.

✓ *Speaking of Survival*, by Daniel B. Freeman, Oxford University Press, Order Department, 2001 Evans Road, Cary, NC 27513 (☎1-800-451-7556). Entendiendo áreas cruciales de la vida, en inglés de nivel principiante.

✓ *Short Cuts: An Interactive English Course*, by James Mentel, Glencoe/McGraw-Hill, P.O. Box 543, Blacklick, OH 43004 (☎1-800-624-7294). Texto de inglés para principiantes, muy bueno para practicar la comprensión auditiva, la destreza oral, lectura y escritura en inglés.

- *Far From My Mother's Home*, by Barbara Mujica. Floricanto Press, 650 Castro Street, Suite 120-331, Mountain View, CA 94041. Cuentos galardonados, con sabor multicultural.

- *Dangerous English 2000!*, by Elizabeth Claire, Delta Systems, 1400 Miller Parkway, McHenry, IL 60050 (☎1-800-323-8270). Explica el significado de palabras que un diccionario no explicaría e incluye pronunciaciones peligrosas y palabras que tienen doble significado.

- *Immigration Made Simple*, by Barbara Brooks Kimmel and Alan M. Lubiner, Esq., Next Decade, Inc., 39 Old Farmstead Road, Chester, NJ 07930 (☎1-908-879-6625). Una guía de fácil lectura sobre el proceso de inmigración en EE.UU.

- *Citizenship Made Simple*, by Barbara Brooks Kimmel and Alan M. Lubiner, Esq., Next Decade, Inc., 39 Old Farmstead Road, Chester, NJ 07930 (☎1-908-879-6625). Una guía de fácil lectura para el proceso de adquirir la ciudadanía estadounidense.

- *Handbook for Citizenship*, by Margaret Seely, Prentice Hall Regents, Order Department, 200 Old Tappan Road, Old Tappan, NJ 07675 (☎1-800-947-7700). Prepara a los estudiantes para aprobar el examen de ciudadanía estadounidense.

- *Have a Nice Day – No Problem! A Dictionary of Cliches*, by Christine Ammer, Dutton, Penguin Group, NY. Define y explica el habla cotidiana y los modismos que se utilizan corrientemente en Estados Unidos.

- *What to Do When You Can't Afford Healthcare*, by Information USA, P.O. Box E, Kensington, MD 20895 (☎1-800-879-6862). Ofrece una lista de servicios médicos gratuitos para enfermedades específicas, y una descripción de esos servicios.

- *Moving Successfully*, by Tom Philbin and Consumer Reports, Consumer Reports Books, P.O. Box 10637, Des Moines, IA 50336 (☎1-515-237-4903) Es probable que se mude unas cuantas veces. Este libro porporciona información sobre cómo prepararse para las mudanzas, calcular los costos, empacar y ahorrarse dinero.

- *Investing on Your Own*, by Consumer Reports, P.O. Box 10637, Des Moines, IA 50336. (☎1-515-237-4903) Simplifica las estrategias de inversión en planes 401(k), IRAs, Keoghs, pensiones, acciones, bonos, y fondos mutualistas.

✓ *Examining Your Doctor*, Consumer Reports, P.O. Box 10637, Des Moines, IA 50336. (☎1-515-237-4903) Describe cómo ser un paciente más asertivo e informado.

✓ *Strong on Defense: Survival Rules to Protect You and Your Family from Crime*, by Sanford Strong, Pocket Books, NY. Una guía práctica sobre seguridad y supervivencia.

✓ *What Color is Your Parachute?* by Richard N. Bolles, Ten Speed Press, Berkeley, CA 94707. La guía para buscar empleo más popular de todos los tiempos. Actualizada cada año. Lea especialmente los capítulos 3, 4, 9, 10, 11, 12, 13 y las páginas rosadas al final. Disponible en siete idiomas, en otros países (vea las páginas rosadas de la versión en inglés para pedir información).

✓ *Apply Yourself: English for Job Search Success*, by Lisa Johnson, Addison Wesley Longman, 10 Bank Street, Ste. 900, White Plains, NY 10606 (☎1-800-266-8855). Prepara estudiantes de inglés para el mercado laboral actual.

✓ *The Resume Solution; How to Write (and Use) a Resume That Gets Results*, by David Swanson, JIST Works, Inc., 720 North Park Ave., Indianapolis, IN 46202. Consejos sobre cómo redactar un currículum vitae.

✓ *Resume Roundup, Volume 1: "Blue Collar" Resumes*, by Yana Parker, Damn Good Resume Service, P.O. Box 3289, Berkeley, CA 94703. Cómo redactar curricula para trabajar en el área de la construcción, almacenes, manufactura, hospitalidad y otros ramos.

♦ **Publicaciones Recomendadas**

✓ *Reader's Digest*, publicación mensual de The Reader's Digest Association, Inc., Pleasantville, NY 10570 (☎1-800-723-1241). Información condensada, historias, humor, asuntos importantes. Más de 29 millones de ejemplares vendidos mensualmente.

✓ *Bottom Line Personal*, publicada 24 veces al año por Boardroom Inc., Subscription Department, Box 58446, Boulder, CO 80322. Información condensada de excelentes fuentes en asuntos de dinero, familia, salud, carreras profesionales, etc.

✓ *Easy English NEWS*, publicado diez veces al año por Eardley Publications, P.O. Box 2596, Fair Lawn, New Jersey 07410 (☎1-201-791-5014). Periódico educativo en inglés sencillo, con explicaciones de acontecimientos actuales, costumbres estadounidenses, cartas de los lectores, lugares para visitar, crucigramas y modismos populares. Cada número trae un glosario. Un recurso excelente para profesores y estudiantes de inglés.

✓ *Newcomer's Almanac*, publicado mensualmente por Newcomer's Almanac Publications, P.O. Box 1153, Brookline, MA 02146 (☎1-617-566-2227). Impreso sobre las costumbres, los valores, las cuestiones sociales y el idioma estadounidenese; especial para familias que acaban de mudarse a Estados Unidos.

✓ *Américas Magazine/Revista Américas*, Organización de los Estados Americanos. Organization of American States, 19th Street and Constitution Avenue, NW, Washington, DC 20006. 1-800-222-5405. Revista cultural ilustrada, publicada seis veces al año. Contiene artículos interesantes sobre literatura, arte, música, folklore, historia y desarrollo socioeconómico, científico y cultural.

✓ *The Anuario Hispano-Hispanic Yearbook*. TIYM Publishing, 1489 Chain Bridge Road, #200, McLean, VA 22101. Guía informativa para la comunidad hispanoamericana. Temas de comercio, orientación profesional, educación y salud.

✓ *Hispanic Business Magazine*. 425 Pine Avenue, Santa Barbara, CA 93117-3709 (888) 447-7287. Información y artículos relacionados con el campo de los negocios.

✓ Publicaciones recomendadas por la embajada de su país, especialmente las que defienden la herencia cultural y el idioma de su país.

MIRANDO EN INTERNET

Escriba la dirección de internet (el código **http**) en la sección que generalmente dice "Go" o "Location" en la página de inicio de su programa para Internet (Netscape, Explorer, etc.) y luego presione la tecla "Enter". La página web aparecerá en su pantalla. Haga click en el texto azul subrayado para buscar en diferentes categorías. Haga click en el ícono "Back" si quiere regresar a las páginas anteriores. Algunas direcciones cambian. Puede que tenga que buscarlas usando un instrumento de búsqueda o buscador (Yahoo, Webcrawler, Excite, etc). Para encontrar una seguidilla de palabras, utilice comillas (por ejemplo, "fire safety"). Las direcciones que terminan en **.edu** son generalmente de universidades, las que terminan en **.com** son de compañías, **.net** es para redes de computación, **.org** para organizaciones sin fines de lucro, y **.gov** para organismos del gobierno.

♦ **BÚSQUEDAS**

http://webcrawler.com
Buscador con reseñas de sitios populares de Internet, por categorías.

http://www.yahoo.com
Buscador muy popular, por palabra clave.

http://www.altavista.com
El buscador más exhaustivo; busca cada palabra en cada página.

http://index.opentext.net
Índice de Open text para búsquedas.

http://www.infoseek.com
Otro buscador.

http://www.dejanews.com
Diversos nombres de grupos de información y noticias recientes.

http://www.liszt.com
Lista de direcciones para noticias que puede recibir en su E-mail.

http://thelist.internet.com
Una lista completa de Proveedores de Servicios de Internet.

http://www.bev.net/computer/htmlhelp
Guía de instrucciones para HTML, el lenguaje utilizado para crear una página web en Internet.

♦ **SALUD**

http://www.achoo.com
Buscador relacionado con el área de la medicina.

http://www.Healthatoz.com
Buscador denominado "Health A to Z", salud de la A a la Z.

http://www.ama-assn.org
American Medical Association con una base de datos de más de 650.000 médicos estadounidenses y conexiones a información sobre asuntos de salud.

http://www.medicinenet.com
Grupos interactivos, diccionario médico, noticias del mundo de la medicina e información sobre medicamentos.

http://www.os.dhhs.gov
Informaciones del Departamento de Salud y Servicios Humanos de los Estados Unidos sobre etiquetado de alimentos, nutrición, enfermedades infecciosas, temas de salud para personas mayores, etc.

http://www.healthy.net
Página de Health World. Acceso a artículos sobre diversas dolencias y sobre polizas médicas, odontológicas y de vida.

http://pharminfo.com/pin_hp.html
Escriba el nombre de un medicamento para obtener una descripción de sus efectos colaterales y advertencias.

http://www.healthgate.com
Información para consumidores y profesionales de la medicina.

http://www.fda.gov
Página de la Food and Drug Administration sobre acción recíproca de medicamentos, cosméticos, alimentos, etc.

http://www.hcfa.gov
Informes sobre Medicaid y programas de Medicare.

http://www.nih.gov
Lista de recursos médicos e investigaciones recientes ofrecida por The National Institutes of Health.

http://www.parentsplace.com
Cubre específicamente asuntos relacionados con la infancia, salud y otros tópicos.

http://KidsHealth.org
Información sobre asuntos de salud infantil: vacunas, asma, cirugía del oído, fumadores, hiperactividad, etc.

http://www.teeth.com
Para encontrar un dentista.

http://www.nichcy.org
National Information Center for Children and Youth with Disabilities. Centro Nacional de Información para Niños y Jóvenes con Incapacidades; muchas publicaciones en español.

http://www.cancercareinc.org
Grupos de apoyo, noticias, datos útiles para pacientes con cáncer y sus familiares.

♦ **EDUCACIÓN**

http://www.utexas.edu/world/lecture
World Lecture Hall contiene conexiones con páginas creadas por académicos de todo el mundo. Incluye asignaciones, apuntes de conferencias, exámenes, libros de texto.

http://www.ed.gov
Información del Departamento de Educación de los estados Unidos para profesores, estudiantes y padres.

http://geography.state.gov/index.html
El Geographic Learning Site (GLS), de la Oficina del Geógrafo y Asuntos Globales, Departamento de Estado.

http://www.usmall.com/college
Aquí figuran más de 5.000 colleges y universidades, para ayudar a estudiantes que van a entrar al college.

http://www.weapply.com
Solicitudes de ingreso al college en CD-ROM.

http://www.collegenet.com
Base de datos con cientos de colleges de cuatro años.

http://www.salliemae.com
Información sobre créditos educativos y sobre cómo pagar el college.

http://www.finaid.org
Calculadores en línea que pueden ayudar a determinar el posible monto de la ayuda financiera; información sobre becas de grado y posgrado.

http://www.schoolguides.com
Institutos de estudios superiores e información sobre ayuda financiera.

http://www.ed.gov/prog_info/SFA/StudentGuide
El Departamento de Educación de los Estados Unidos ofrece informaciones sobre ayuda financiera.

http://www.kaploan.com
Kaplan, la compañía que prepara para el examen, ofrece información sobre créditos estudiantiles.

http://www.kaleidoscapes.com/wwwboard
Una página para padres que educan a sus hijos en casa.

http://www.exploratorium.edu
Lecciones, presentaciones electrónicas, noticias y datos sobre la naturaleza.

http://www.ala.org/parentspage/greatsites
American Library Association; selección de sitios apropiados para niños.

http://www.thinker.org
Más de 60.000 imágenes de dibujos, estampas, grabados y fotografías conservados en museos.

♦ TRABAJO

http://www.dol.gov
Página del Departamento del Trabajo de los Estados Unidos con información del área laboral.

http://www.ajb.dni.us
Página del America's Job Bank. Una lista nacional de alrededor de 250.000 empleos por carrera y región, reunida por las oficinas estatales de empleo.

http://www.careerpath.com
Ofertas de empleo: anuncios clasificados de diversos periódicos importantes de Estados Unidos.

http://www.nationjob.com
Listas de empleos provenientes de periódicos y compañías que pueden buscar colocaciones según el currículum de una persona y responden con un e-mail.

http://www.interbiznet.com/hunt
Datos para buscar trabajo a través de Internet, con muchas conexiones a sitios de esa área.

http://www.vjf.com
La Virtual Job Fair ofrece una lista de oportunidades de carreras.

http://www.jobtrak.com
Guía para oportunidades y recursos de empleo.

http://www.careerbuilder.com
Listas de empleos en las principales áreas metropolitanas.

http://www.careercity.com
Se especializa en ofrecer pistas para empleos técnicos, gerenciales, en computación y en medicina.

http://www.coolworks.com/showme
Empleos en cruceros, ranchos, parques nacionales y otros lugares interesantes.

http://www.sbaonline.sba.gov
Página de la Small Business Administration (SBA) con información sobre recursos a nivel nacional y local.

http://www.toolkit.cch.com
Un sitio muy bien organizado de recursos para negocios.

http://www.bbb.org
Better Business Bureau.

http://www.cashquest.com
Buscador para oportunidades de negocios.

http://chamber-of-commerce.com
Directorio de Cámaras de Comercio.

http://www.att.com/Telecommute_America
Detalles sobre los beneficios y el sistema de trabajo desde el hogar u oficinas satélite. Una nueva opción con gran demanda por parte de empleados y empleadores.

http://gatekeeper.dol.gov/dol/wb
Programas y publicaciones de The Women's Bureau para promover a la mujer en los negocios.

♦ **DINERO**

http://www.cuna.org
Información de la Credit Union National Association; puede ayudarlo a localizar una cooperativa de crédito.

http://www.irs.ustreas.gov
Página principal del IRS. De allí puede imprimir hasta 500 planillas de impuestos con sus instrucciones, 90 publicaciones sobre impuestos y otros materiales informativos relacionados. ☎1-800-829-1040.

http://www.sec.gov
La Securities and Exchange Commission proporciona información básica sobre inversiones.

http://www.bankrate.com/bankrate/publ/webalert.htm
Para mantenerse al tanto de las tasas de interés y el rendimiento de los bancos.

http://www.financenter.com/newcards.htm
Consejos e información sobre tarjetas de crédito.

http://www.cnnfn.com/index.html
Informaciones financieras, cotizaciones de acciones y asesoría en inversiones de CNN.

http://www.wsrn.com
La Wall Street Research Net ayuda a localizar conexiones e información sobre compañías con acciones cotizadas en la bolsa y fondos mutualistas.

http://www.ceres.com
Asesorías de Andrew Tobias, reconocido autor de libros sobre inversiones.

♦ COMPRAS MAYORES

http://www.pueblo.gsa.gov
Informaciones para el consumidor sobre automóviles, casas, empleo, salud, viajes, etc.

http://consumerworld.org
Más de 1.200 ayudas para el consumidor, para obtener tarjetas de crédito, aprovechar rebajas, información sobre productos, etc.

http://www.hud.gov
El Departamento de la Vivienda y Desarrollo Urbano de los Estados Unidos ofrece información sobre diversos programas y asuntos habitacionales.

http://rent.net
Guía sobre apartamentos.

http://www.gsa.gov/staff/pa/cic/housing.htm
Información sobre viviendas e hipotecas.

http://www.interest.com/hugh/calc/
Calculador de hipotecas. Introduzca sus variables y obtenga el cálculo de su hipoteca mensual.

http://www.ired.com
Sitios con listas de bienes raíces por estado y país. Incluye apartamentos.

http://www.iquote.com
InsuranceQuote Services ofrece cotizaciones de seguros de vida de muchas compañías. Envío de cotización gratuita por correo.

http://www.edmunds.com
Guía para comprar autos nuevos y usados.

http://www.autobytel.com
Página de Auto-By-Tel con listas de autos.

http://www.cacars.com
Página de Calling all Cars, más información sobre automóviles.

http://www.autosite.com
Costos del detallista e información sobre existencias de automóviles.

http://www.kbb.com
Kelley Blue Book, listas de marcas de autos, valores que se aceptan como parte de pago, opciones.

http://www.gw2k.com/
Gateway 2000, Inc., comercializadora de computadores. Información sobre precios y configuraciones.

♦ **VIAJES Y ENTRETENIMIENTO**

http://www.stratpub.com/shoe1.html
Shoestring Travel, compilación de cartas de lectores sobre hospedajes buenos y baratos, restaurantes, cosas que ver y otros datos para viajeros.

http://www.travelocity.com
Acceso gratuito a horarios de vuelo de más de 700 aerolíneas e información sobre los boletos aéreos más económicos.

http://www.amtrak.com
Rutas de Amtrak Train y vacaciones por el país.

http://www.nps.gov
Sitio del Servicio de Parques Nacionales

http://www.si.edu
Página principal de la Smithsonian Institution sobre las últimas exhibiciones en museos, galerías y el National Zoo.

http://www.scvol.com/States
Guía a los 50 estados.

http://www.state.va.us
Un tour por Virginia – lugares históricos, museos, comunidades, próximos eventos. Para muchos otros estados, simplemente reemplace la abreviatura "va" (por Virginia) con la de otro estado. Por ejemplo: Illinois - http://www.state.il.us, Colorado – http://www.state.co.us. Sin embargo, algunos estados tienen direcciones web diferentes. Puede buscar por estado.

http://www.mapquest.com
Instrucciones para manejar de cualquier dirección a otra.

http://www.unitedmedia.com/comics/
Varias tiras cómicas populares.

http://www.finy.com/
La moda en Internet.

http://www.garden.com
Información sobre plantas y datos sobre jardinería.

http://www.readersdigest.com
La revista de mayor distribución.

http://www.comedy.com/
El chiste del día.

♦ **INGLÉS COMO LENGUA EXTRANJERA**
 (English as a Second Language, ESOL o ESL)

http://www.eslcafe.com
Información y recursos para profesores y estudiantes de ESL.

http://www.esl.net/mbt
Libros y grabaciones multilingües.

http://www.tesol.edu
Información ESL para profesores.

http://www.comenius.com/idiom/index.html
El modismo semanal para estudiantes de inglés.

http://www.teachers.net/sampler/
Un modelo simple de página web para docentes.

http://www.aitech.ac.jp/~iteslj
The Internet TESL Journal.

http://www.ncbe.gwu.edu
Información para profesionales en el campo de la educación bilingüe y de la educación con inglés limitado.

http://novel.nifl.gov
National Institute for Literacy (Instituto Nacional de Alfabetización) y recursos educativos.

http://deil.lang.uiuc.edu/exchange
Historias, amigos por correo, proyectos para hablantes de inglés como lengua extranjera.

http://www.cal.org
Center for Applied Linguistics; información y recursos sobre desarrollo lingüístico, alfabetismo, asuntos de refugiados e inmigrantes.

http://web.fie.com/fedix/aid.html
Servicio de Información para Minorías.

♦ **SITIOS SOBRE INMIGRACIÓN Y REFUGIADOS**

http://www.refugees.org
Comité Estadounidense para Refugiados.

http://www.acf.dhhs.gov/programs/orr/
Oficina de Reinstalación de Refugiados (ORR).

http://www.state.gov/www/global/prm/index.html
Bureau of Population, Refugees, and Migration (Oficina de Población, Refugiados y Migración).

http://www.cal.org/rsc/
Refugee Service Center.

http://aila.org
American Immigration Lawyers Association (AILA).

http://www.wave.net/upg/immigration/links.html
Conexiones a muchas páginas relacionadas con inmigración: servicios de traducción, informaciones sobre la visa, servicios de abogados.

http://ilw.com
Immigration Lawyers on the Web (ILW).

http://www.acip.com
American Council on International Personnel, Inc.

http://www.lawguru.com
Asesoría legal en muchos asuntos.

http://www.immigration.com/faq.html
Información sobre visas e inmigración.

http://www.shusterman.com/
Un abogado ofrece información sobre inmigración.

http://www.nolo.com/category/immig.html
Libros sobre immigración.

http://www.melodija.com
Casa editora de este libro; recursos para muchas nacionalidades.

♦ GOBIERNO

http://www.state.gov
Departamento de Estado de los Estados Unidos.

http://www.fedworld.gov
Un acceso a la mayoría de los boletines de los servicios gubernamentales en Internet.

http://www.usdoj.gov
Información del Departamento de Justicia de los Estados Unidos.

http://www.ssa.gov/SSA_Home.html
Todo sobre la Social Security Administration.

http://www.ins.usdoj.gov
Servicio de Inmigración y Naturalización de los Estados Unidos.

http://www.whitehouse.gov
Información sobre visitas a la Casa Blanca, noticias del Presidente, centro de mensajes.

http://www.house.gov
Información de la Cámara de Representantes del Senado sobre la Declaración de Derechos, la constitución, decisiones de la corte, audiencias, regulaciones federales, legislación, derecho internacional y muchos otros tópicos.

http://www.senate.gov
Directorio de senadores, visita al Capitolio.

http://www.embassy.org
Conecta con personal y recursos de la comunidad diplomática de Washington, DC.

http://www.loc.gov
Biblioteca del Congreso.

http://www.usps.gov
Servicio Postal.

http://www.usia.gov
Agencia de Información de los los Estados Unidos.

http://www.census.gov
Oficina del Censo.

http://www.cpsc.gov
Comisión de Seguridad en Productos para el Consumidor.

♦ **RECURSOS PARA HISPANOHABLANTES**

http://www.latinowww.com/
Servicio de Noticias para hispanohablantes.

http://www.latinowww.com/links.html
Para conectarse con representantes parlamentarios hispanoamericanos, recursos legales y organizaciones latinas.

http://www.latinolink.com
Sitios e información en español.

http://www.latpro.com/
La red profesional LatPro, en inglés, español y portugués.

http://www.latinoweb.com/index.html
Sitio de intercambio de información para sectores privados, públicos y sin fines de lucro.

http://www.usacitylife.com/hispanic.html
Buscador hispano-estadounidense.

http://cnnespanol.com/
CNN en español.

http://www.oas.org
Organización de los Estados Americanos (Organization of American States).

http://www.hisp.com
Revista hispana.

http://www.hispanstar.com
Revista Económica Hispana.

http://www.diarioelpais.com/muva/
Museo en línea dedicado al arte uruguayo y latinoamericano.

http://www.hisp.com/links.html1
Conexiones latinas a educación, carreras, gente, entretenimiento, política, etc.

http://www.naleo.org
National Association of Latino Elected and Appointed Officials - Asociación Nacional de Funcionarios Latinos Electos y Nombrados.

http://www.nclr.org
National Council of La Raza – Consejo Nacional de la Raza.

http://www.lulac.org
League of United Latin American Citizens – Liga de Ciudadanos Latinoamericanos Unidos.

http://www.yahoo.com
El buscador favorito de muchos. Introduzca el nombre de su país con las palabras o frases clave. Por ejemplo, si busca "idioma español" encontrará listas de empleos, software, programas de TV y radio, servicios de traducción: todo para hispanohablantes. Otro ejemplo, si busca "amigos venezolanos" encontrará conexiones a páginas personales, entretenimiento, noticias, compañías y servicios varios. Una excelente forma de conocer y contactar gente de su país. Para localizar una organización hispanoamericana en su estado, busque por categorías específicas, por ejemplo: "Hispanic Chamber of Commerce" o "Hispanic Affairs State Office". Los periódicos más importantes, como el *Chicago Tribune* o *Los Angeles Times*, tienen ediciones en español. Existen muchas asociaciones de profesionales hispanoamericanos, por ejemplo la "Hispanic Professional Engineers" (Asociación de Ingenieros Hispanoamericanos).

- **MISCELANEA**

http://www.four11.com
Directorio telefónico nacional gratuito donde puede encontrar el número telefónico o e-mail de prácticamente cualquier persona.

http://www.ics.uci.edu/pub/websoft/wwwstat/country-codes.txt
Lista de códigos de Internet por país.

http://wwfonts.com
Fuentes para idiomas extranjeros.

http://rivendel.com/~ric/resources/dictionary.html
Diccionarios y traducciones en línea en muchos idiomas.

http://www.travlang.com
Traducciones rápidas en 33 idiomas, especialmente útiles para viajeros.

ÍNDICE

abogado, 5, 44, 103, 118, 123, 124, 156, 177
   abogado especializado en inmigración, 123, 156
acento, 12, 22, 100
acoso sexual, 122
actitud, 14, 15, 19, 60, 104, 111, 112, 131, 148, 149
agencias de colocación, 88
agentes de bienes raíces, 71
alcohol, 61, 122, 134
American Association of Retired Persons, 54, 114, 161
American Immigration Lawyers Association, 124, 156, 159, 176
amistades, 4, 9, 15, 25, 39, 80
apariencia, 12, 14, 101, 133
apartamento, 121, 128, 148
aptitudes, 15, 18, 19, 26
AT&T Language Line, 58, 59, 70
autoanálisis, 12, 80
automóvil, 61-64

bancarrota, 55
bancos, 46, 47, 55, 64, 72, 107, 111, 119, 172
   cuenta corriente, 46, 50
   cuenta de ahorros, 46, 55
biblioteca, 29, 30, 32, 37, 43, 48, 62, 63, 69, 70, 83, 106, 114, 126
bilingüe, 28, 58, 66, 101, 176
"blue book", 62
burocracia, 14

caja de seguridad, 66
calidad de vida, 1, 27, 37, 44, 76, 134
"carjacking", 119
carrera, 36, 37, 134, 139, 152, 171

certificado de depósito, 55
cine, 8, 40
ciudadanía, 27, 43, 123-125, 164
clientes, 57, 71, 80, 83, 101, 106, 110, 121, 127, 151, 154
college, 30-38, 60, 86, 93, 94, 114, 134, 170
   ayuda financiera, 33-36, 170
   becas, 33, 34, 157, 170
   Federal Perkins Loan, 33
   Pell Grant, 33, 157
   proceso de ingreso, 31
   SallieMae, 34
   SAT, 31, 36
comercios, 121, 153
   licencias, 105, 107
   propiedad única, 107
compañías, 14, 32, 36, 49-51, 53-55, 58, 60, 65, 66, 68, 71, 86-88, 98-101, 110, 113, 114, 115, 128, 153, 159, 167, 171, 173, 180
compañías farmacéuticas, 114, 115
comportamiento, 16, 39, 137
compra, 51, 58, 63, 67-71, 84, 121, 148
compromiso, 18, 144, 152
computadoras, 28-30, 68, 69
comunicación, 20-23, 58, 59, 94, 101, 111
comunidad étnica, 12
conducta, 1, 4, 9, 12, 13, 17, 22, 101, 122, 150
confianza, 16, 17, 19, 22, 45, 61, 84, 97, 101
conflicto, 24
conocimientos, 3, 26, 27, 29, 68, 79, 80, 87, 94, 104, 125
consultores financieros, 47

Consumer Credit Counseling Service, 57
Consumer Reports, 62, 69, 114, 121, 164, 165
control, 3, 6, 15, 18, 77, 83
conversación, 10, 14-16, 20, 23, 98
convicciones, 8, 80, 99, 139
cooperativas de crédito, 46
copias, 33, 34, 64, 102, 121
coraje, 144
cordialidad, 9, 14
costumbre, 14, 52, 135
creatividad, 10, 80, 99, 106
Credit Union National Association, 46, 172
creencias, 4, 141
cuentas, 34, 44-47, 50, 51, 54-57, 73, 90, 119, 128
cuidados de salud, 98
cultura, 8, 9, 11, 16, 17, 99, 133, 137, 139, 140
curriculum, 89, 90, 92, 98

decisiones, 1, 2, 11, 19, 37, 59, 103, 111, 116, 125, 136, 151, 153, 178
deducciones, 43, 52, 102, 103
deducible, 66, 67
delincuencia, 65
delito, 118
depresión, 4, 116, 143, 145, 160
destrezas, 32, 37, 40, 76, 79, 88, 89, 90, 94, 96, 98, 104, 105, 112, 137
destrezas sociales, 40
diferencias, 11, 15, 21, 152
dinero, 2, 4, 9, 15, 22, 26, 32-35, 43-54, 57, 59, 60, 62-64, 68-71, 73, 75, 80, 83, 84, 100, 103, 105, 115, 119, 120, 121, 123, 129, 134, 146-149, 152, 163-165
disciplina, 45, 152
discriminación, 9, 100
diversidad, 101
drogas, 40, 61, 100, 122, 141, 160

educación, 1, 2, 5, 26, 27, 30, 33, 35, 36, 38, 39, 41, 44, 51, 55, 76, 89, 92, 94, 101, 104, 111, 112, 125, 157, 158, 163, 166, 176, 179
e-mail, 29, 98, 171, 180
embajada, 102, 130, 156, 166
emergencia, 67, 114, 117, 120, 122
empleado, 47, 84, 87, 102-104, 109
empleo, 1, 4, 5, 24, 29, 31, 53, 60, 70, 71, 76, 81, 84, 87-90, 97-105, 125, 146, 148, 151, 165, 171, 173
búsqueda de empleo, 87, 90
Employment Authorization Document, 102
empresarios, 105
encajar, 12, 97
entrevista informativa, 86, 87
entrevistas, 87, 99, 100
entusiasmo, 17, 19, 84, 89, 101, 109
Equal Employment Opportunity Commission, 100, 158
Equifax, 55, 119
escuela secundaria, 33
estafas, 120, 129
estilos de comunicación, 20, 21
estilos sociales, 18, 19, 23
  amigable, 18, 22
  analítico, 18, 19
  conductor, 18
  expresivo, 18
exenciones, 46, 43
éxito, 6, 7, 24, 26, 70, 76, 79, 81-85, 97, 104, 105, 106, 112, 131, 133-145, 151-154
expectativas, 8, 11, 39, 84, 132
Experian, 55, 119
experiencia, 4, 5, 26, 27, 32, 37, 38, 39, 87, 88, 89, 92, 94, 96, 99, 101, 105, 106, 111, 112, 136, 137, 139, 144, 151

familia, 1, 4, 15, 27, 28, 33, 34, 37, 43, 46, 57, 65, 67, 68, 70, 73, 77,

78, 81, 102, 117, 136, 145, 147, 148, 151, 151, 152, 153, 165
Fannie Mae Foundation, 70, 74
Federal Housing Administration, 73
firma, 61, 64, 94, 121, 154
fondos mutualistas, 34, 35, 49, 50, 51, 53, 54, 165, 173
fracaso, 137, 144
fumar, 15, 122, 140, 141, 159

ganancia, 6, 35, 52, 80, 88, 106, 110, 111, 121, 154
grados académicos, 31
"green card", 1, 47, 103, 123-125
GED diploma, 41

hábitos, 2, 12, 13, 84, 132-135, 141, 142
higiene, 12-14
historial de crédito, 45, 55, 56, 57, 64, 73, 74, 119, 128
HMOs, 113
humor, 18, 40, 135, 140, 142, 165

idioma, 2, 4, 5, 12, 28, 59, 61, 99, 101, 166, 180
ilegal, 52, 103, 122, 126, 141, 155
imaginación, 10, 40, 80, 137
impresiones, 23
impuestos, 3, 34, 35, 38, 43, 44, 48, 50-54, 102, 107, 158, 172
independencia, 44, 45, 80, 106, 156
Individual Retirement Account, 35, 51, 53
inflación, 47, 49
influencia cultural, 131, 139
influencias, 10, 39, 132, 141, 151
inglés, 2, 4, 5, 12, 13, 14, 27, 28, 31, 37, 39, 41, 46, 55, 58, 62, 66, 70, 71, 83, 94, 100, 102, 117, 119, 125, 133, 134, 146, 163, 164, 165, 175, 176, 179

inmigración, 30, 41, 103, 117, 121, 123, 124, 131, 159, 162, 164, 177
instituciones, 14, 29, 55, 98, 100, 157
integrarse, 12-14
integridad, 22, 135, 139, 140, 142, 153
intenciones, 2, 77, 85
interés compuesto, 35, 51, 52
Internal Revenue Service, 46, 47, 54, 107
Internet, 29, 30, 69, 98, 104, 107, 157, 167, 168, 171, 175, 176, 177, 180
invalidez, 51, 52, 65, 67
inversión, 32, 34, 45-54, 105, 165
    con impuestos diferidos, 46, 51, 53, 54

jefe, 14, 18, 88, 109, 110, 146
jubilación, 51-54, 126, 134

Keogh, 54
kindergarten, 38

libertad, 3, 6, 16, 80, 112, 123, 124, 136
licencia de conducir, 47, 55, 61, 102, 117, 118, 119, 121, 122
Lituania, 3, 5, 12, 39, 99, 153
logro, 18, 32, 76, 132

maestros, 38, 39, 41
malentendidos, 17, 20, 21, 46
Medicaid, 114, 168
Medicare, 52, 54, 161, 168
medicinas, 114, 115
mercadeo, 37, 110, 111, 126
metas, 3, 10, 18, 20, 26, 27, 31, 38, 76, 82, 83, 100, 101, 109, 117, 134, 146, 149, 153
miedo, 22, 76, 82, 103, 143, 144, 153
moderación, 141

motivación, 88, 135, 138, 139, 142
Motor Vehicles Administration, 61

negociación, 59, 60, 111
negocios, 10, 11, 13, 50, 58, 99, 101, 105, 106, 110, 111, 119, 129, 130, 154, 166, 172
niños, 5, 10, 13, 29, 38, 39, 41, 59, 79, 108, 112, 115, 120, 122, 134, 152, 170

Occupational Safety and Health Administration, 107
opiniones, 9, 21, 40, 48, 79, 81, 131
oportunidades, 1, 2, 5, 12, 15, 27, 37, 38, 83, 89, 98, 105, 133, 134, 146, 149, 151, 155, 171, 172

patrono, 43, 46, 52, 53, 73, 88, 102, 105, 136
perseverancia, 135, 139, 142
personalidad, 76, 137, 152
pionero, 1, 2, 3, 132, 151
planillas de impuesto, 172
policía, 117-120, 123, 161
política, 10, 15, 24, 99, 142, 179
presión, 26, 39, 80
préstamo garantizado, 55, 73
préstamo hipotecario, 67, 72, 73
primera impresión, 13
prioridades, 27
profesión, 11, 12, 77, 78, 79, 86, 98, 100
propinas, 128, 129
propósito, 25, 36, 46, 57, 59, 77, 78, 79, 81, 82, 83, 89, 110, 111, 138, 149

red de conocidos, 24, 83, 104
reembolso, 43
relaciones, 2, 10, 12, 16, 17, 18, 20, 25, 101, 122, 126, 140, 142, 145, 147, 148, 156

relaciones sexuales con menores, 122
religión, 10, 15, 77, 78, 101, 141, 152
residente permanente, 70, 124
respeto, 16, 17, 43, 134, 151, 152
reuniones, 14, 83
Roth IRA, 35

salas de emergencia, 113
salud espiritual, 135, 141, 142
salud física, 135, 141
satisfacción, 2, 32, 37, 70, 75, 77, 79, 112, 131, 134, 135, 140, 141, 145, 146, 147, 148, 149, 151, 153
seguros, 63, 65, 66, 67, 68, 105, 113, 118, 121, 159, 173
   póliza de automóviles, 65
   póliza de inquilino, 66
   póliza de invalidez, 67
   póliza médica, 67
   póliza de vida, 65, 68
Selective Service, 122
sentirse bien, 135, 142
servicios públicos, 45, 128
Simplified Employee Pension Plan, 54
Small Business Administration, 106, 107, 158, 171
Social Security Administration, 47, 52, 126, 127, 177
sociedad, 8, 11-14, 41, 79, 132
soledad, 1, 4
subastas, 63
sueños, 3, 38, 39, 45, 73, 78, 79, 80, 81, 88, 131, 140, 141, 147, 148

talentos, 34, 76, 79, 146
tarjeta del seguro social, 47, 52, 61, 102, 126
tarjeta I-94, 102, 124
tarjetas de crédito, 44, 46, 55, 56, 57, 58, 69, 73, 119, 172, 173

teléfono, 11, 15, 23, 31, 35, 45, 46, 48, 50, 57, 58, 59, 63, 65, 66, 68, 86, 89, 106, 115, 117, 118, 119, 120, 121, 123, 126, 127, 150
   contestadora, 49, 54, 127
   servidor de larga distancia, 127
   usos horarios, 127
televisión, 8, 12, 23, 28, 36, 40, 81
Test of English as a Foreign Language, 31
tradición, 17, 153
trampas del apego, 147, 150
Trans Union, 55

U.S. Department of Health and Human Services, 40, 116, 159, 161

U.S. Department of Labor, 103, 107, 158

valor percibido, 108
valor real, 108
valores, 49, 78, 80, 82, 106, 152, 153, 166, 174
vender su imagen, 37, 97
viajes, 30, 38, 92, 101, 129, 130, 163, 173
violación, 120
visa de turista, 4, 61, 155

World Education Services, 31, 102

xenofobia, 14

BIBLIOGRAFÍA

Althen, Gary. *American Ways: A Guide for Foreigners in the United States.* Intercultural Press, Inc., Yarmouth, ME, 1988.

Bernstein, Peter and Christopher Ma. *The Practical Guide to Practically Everything.* Random House, New York, NY, 1995.

Bolles, Richard N. *The 1995 What Color is your Parachute?* Ten Speed Press, Berkeley, CA, 1995.

Bridges, William. "The End of the Job," *Fortune*, September 19, 1994.

Business Driver. "Don't be a Victim," 1996.

Refugee Service Center. *Welcome to the United States: A Guidebook for Refugees.* Center for Applied Linguistics, Washington, DC, 1996.

Combs, Patrick. *Major in Success: Make College Easier, Beat the System and Get a Very Cool Job.* Ten Speed Press, Berkeley, CA 1994.

Cook, John, compiled by. *The Rubicon Dictionary of Positive, Life-affirming & Inspirational Quotations.* Rubicon Press, Inc., Newington, CN, 1994.

Covey, Stephen R. *The Seven Habits of Highly Effective People.* Simon & Schuster, New York, NY, 1989.

Davis, Peter. *If You Came This Way: A Journey Through the Lives of the Underclass.* John Wiley & Sons, Inc., New York, NY, 1995.

Darbininkas, Humor breaks, from various issues, 1994.

Driscoll, David. "The Benefits of Failure," *Sales and Marketing Management.* April, 1989.

Fisher, Roger and William Ury. *Getting to Yes: Negotiating Agreement Without Giving In.* Penguin Group, New York, NY, 1981.

Frank, Milo O. *How to get your Point Across in 30 Seconds -- or Less*, Simon and Schuster, New York, NY, 1986.

Kaplan, Martin and Naomi Weiss. *What the IRS Doesn't Want You to Know.* Villard Books, New York, NY, 1995.

Kessler, David. *60 Minutes, CBS.* Interview with the Commissioner of the Food and Drug Administration, December 4, 1994.

King, Larry. *How to Talk to Anyone, Anytime, Anywhere: The Secrets of Good Communication.* Crown Publishers, Inc., New York, NY, 1994.

Knowdell, Richard L. *Career Values Card Sort.* Career Research & Testing, San Jose, CA, 1991.

Lanier, Alison R. *Living in the U.S.A.* Intercultural Press, Inc., Yarmouth, ME, 1996.

League of Women Voters. "Get out the Vote," website: http://www.lwv.org

Lesko, Matthew. *Lesko's Info-Power III.* Visible Ink Press, Detroit, MI, 1996.

Levine, Stuart R. and Michael A. Crom. *The Leader in You: How to Win Friends, Influence People, and Succeed in a Changing World.* Simon & Schuster, New York, NY, 1993.

Maltz, Maxwell. *Psycho-cybernetics.* Pocket Books, New York, NY, 1960.

McWilliams, Peter and John-Roger. *Do It!* Prelude Press, Inc., Los Angeles, CA, 1991.

Parade Magazine, Michael Ryan. "An Angry Child Can Change," April 14, 1996.

Peck, M. Scott. *The Road Less Traveled: A New Psychology of Love, Traditional Values and Spiritual Growth.* Simon and Schuster, New York, NY, 1978.

Pritchett, Price. *The Employee Handbook of New Work Habits for a Radically Changing World.* Pritchett & Associates, Inc., Dallas, TX, 1994.

Rehm, Diane. WAMU National Public Radio. Interview with Deborah Tannen, a linguistics specialist and author of "You Just Don't Understand."

Reich, Robert B. *The Work of Nations.* Vintage Books, New York, NY, 1992.

Rinke, Wolf J. *Make it a Winning Life: Success Strategies for Life, Love and Business.* Achievement Publishers, Rockville, MD, 1992.

Salins, Peter D. *Assimilation, American Style*. BasicBooks, New York, NY, 1997.

Schapiro, Nicole. *Negotiating for your Life*. Henry Colt and Co., New York, NY, 1993.

Simons, George F., Carmen Vazquez and Philip R. Harris. *Transcultural Leadership: Empowering the Diverse Workforce*. Gulf Publishing Company, Houston, TX, 1993.

Sinetar, Marsha. *Do what you Love, the Money will Follow*. Dell Publishing, New York, NY, 1987.

Spiers, Joseph. "Where to Find Money for College," *Reader's Digest*, February, 1996.

Stewart, Edward C. and Milton J. Benett. *American Cultural Patterns: A Cross-cultural Perspective*. Intercultural Press, Yarmouth, ME, 1991.

Timberg, Craig. "New U.S. Citizen Trumpets Virtues of his Country," *Baltimore Sun*, May 18, 1996.

Tracy, Brian. *The Psychology of Achievement*. Tape series. Nightingale Conant Corporation, Niles, Illinois, 1987.

Ungar, Sanford J. *Fresh Blood: The New American Immigrants*. Simon & Schuster, New York, NY, 1995.

U.S. Commission on Immigration Reform. *Becoming an American: Immigration and Immigrant Policy*. A Report to Congress, September, 1997.

U.S. Department of Health and Human Services, "Depression is a Treatable Illness," Rockville, MD, 1993.

Vickers, Marcia. "When a Thief Stole My Name," *Reader's Digest*, May, 1996.

Wilson Learning System. *Social Style Summary*. Wilson Learning Corporation, Eden Prairie, MN, 1975.

SOBRE LA AUTORA

Raimonda Mikatavage nació en Kaunas, Lituania, en 1962. Su familia emigró a los Estados Unidos en 1972. Hoy en día es una estadounidense naturalizada que conserva con orgullo sus raíces lituanas.

Raimonda se graduó con honores en la Universidad de Maryland, de donde egresó con un Bachelor of Science en Mercadeo. Realizó estudios de postgrado en comercio internacional. Su experiencia laboral abarca mercadeo, ventas y entrenamiento de personal. Tiene en su haber tres libros que han sido traducidos a muchos idiomas. Entre los reconocimientos a su labor se cuenta la Mención Honorífica del Gobernador del Estado de Maryland. Raimonda forma parte del *Maryland Advisory Council for New Americans*. También es la anfitriona de un programa de televisión llamado "*Dreams in Action*," donde se explora la forma en que los individuos hacen realidad sus sueños, destacando especialmente los logros de inmigrantes.

Este libro es el resultado de muchos años de investigación en el área del desarrollo personal y profesional. Está basado en las experiencias de numerosos inmigrantes y en los recuerdos personales de la autora de su adaptación a la vida en los Estados Unidos.

Raimonda vive en Hampstead, Maryland, con su esposo e hija.

Talleres

Raimonda y sus asociados ofrecen talleres de aculturación, dictados en las empresas, dirigidos a fomentar el respeto a los empleados como individuos y no como miembros de un grupo particular. Las gerencias pueden encauzar la solución de conflictos, incrementar la lealtad del personal y promover el desarrollo profesional, con mayor eficacia, si comprenden la "experiencia de ser inmigrante". Mediante la aculturación en el lugar de trabajo los empleados de origen extranjero aprenden las "costumbres de otra cultura" sin perder los valores de la cultura propia. Para mayor información, visite nuestra página en Internet: www.melodija.com.

ABOUT THE AUTHOR

Raimonda Mikatavage was born in Kaunas, Lithuania in 1962. Her family emigrated to the United States in 1972. She is a naturalized U.S. citizen, who proudly maintains her Lithuanian heritage.

Raimonda graduated with honors from the University of Maryland with a Bachelor of Science degree in Marketing. Her postgraduate studies were in international business. Her work experiences include marketing, sales, and training. She is the author of three books, available in multiple languages. Her recognitions include a Governor's citation from the state of Maryland and she serves on the Maryland Advisory Council for New Americans. Raimonda also hosts a television show called "Dreams in Action," which explores how individuals achieve their special dreams and lifetime goals. Her international background, travel in over thirty countries, and work with U.S. newcomers give her a unique perspective on ethnicity and diversity issues.

This book is the result of many years of research in the area of personal and professional development. It is based on the experiences of numerous immigrants and the author's personal accounts of adapting to life in the United States.

Raimonda lives in Hampstead, Maryland with her husband and daughter.

Workshops

Raimonda and her associates offer workplace acculturation workshops, which foster respect for employees as individuals, not members of a particular group. By understanding the "immigrant experience," management can more effectively guide conflict resolution, build employee loyalty, and advance career mobility. Through workplace acculturation, foreign-born employees learn the "ways of another culture" while keeping the values of their own culture. For more information, please visit our website: www.melodija.com

ORDER FORM

Please mark the book(s) and quantities ordered

                                                  Price x Quantity = Total

Immigrants & Refugees: $14.95   ____ = ____
Create Your New Life in America
(Circle language choice: English, Spanish, Russian, Bosnian)

Gyvenimas neribotų galimybių šalyje $14.95   ____ = ____
(in Lithuanian)

Your Journey to Success:
A Guide for Young Lithuanians $14.95   ____ = ____
(Circle language choice: English, Lithuanian)

                                                              Subtotal $ ____

                        add for shipping 1 book, $ 3.00 within USA $ ____
                                            ($6.00 outside USA)
                   add for shipping additional books .50/ea +$ ____

                                                                TOTAL $ ____

Name and address of person to receive the book(s):

_____   E-mail: _____

_____   Tel: _____

_____   Fax: _____

Please enclose a check or money order payable in U.S. dollars, adding shipping charges as indicated. (Please add 5% sales tax for Maryland addresses.) Allow 2-4 weeks for delivery.

<u>**Send this form and check payable to: Melodija Books**</u>
Melodija Books
P.O. Box 689
Hampstead, MD 21074 USA
Tel. (410) 374-3117 Fax. (410) 374-3569
Website: www.melodija.com   *E-mail:* books@melodija.com

Otros libros de Raimonda Mikatavage:
Immigrants & Refugees: Create Your New Life in America (disponible en inglés, español, ruso, bosnio y lituano)
Satisfaction in the Land of Opportunity
Your Journey to Success: A Guide for Young Lithuanians (disponible en inglés y lituano)

Derecho de autor © 1999 por Raimonda Mikatavage
Impreso en los Estados Unidos de América
Pioneer Living Series® es una marca registrada de Melodija Books

Derechos reservados. Ninguna parte de este libro puede ser reproducida o transmitida en ninguna forma ni por ningún medio, ya sea electrónico o mecánico, sin la autorización escrita de su editor, excepto para incluir citas breves en una reseña. Este libro se vende en el entendido que el editor y el autor no prestan servicios legales u otros servicios profesionales.

Lectores internacionales: los números telefónicos gratuitos (800 u 888) que aparecen en este libro sólo pueden discarse desde el territorio continental de los Estados Unidos.

Respecto a derechos internacionales y traducciones, hacer contacto con el editor:
Melodija Books
P.O. Box 689
Hampstead, MD 21074 USA
Tel: (410) 374-3117 Fax: (410) 374-3569
Internet: http://www.melodija.com
E-mail: books@melodija.com

Traducción al español: Nora L. López, Caracas, Venezuela
E-mail: nlopezl@telcel.net.ve
Diseño de la portada: Paul Erickson, Greenville, South Carolina, USA
Internet: www.ericksonline.com